渋谷学

SHIBUYA Studies

國學院大學
研究開発推進センター
渋谷学研究会
石井研士
Ishii Kenji

弘文堂

渋谷学

昭和 32 年のハチ公前広場［『渋谷の記憶Ⅲ』］

目次

4 渋谷の地理、渋谷の歴史

5 渋谷の光と闇 154

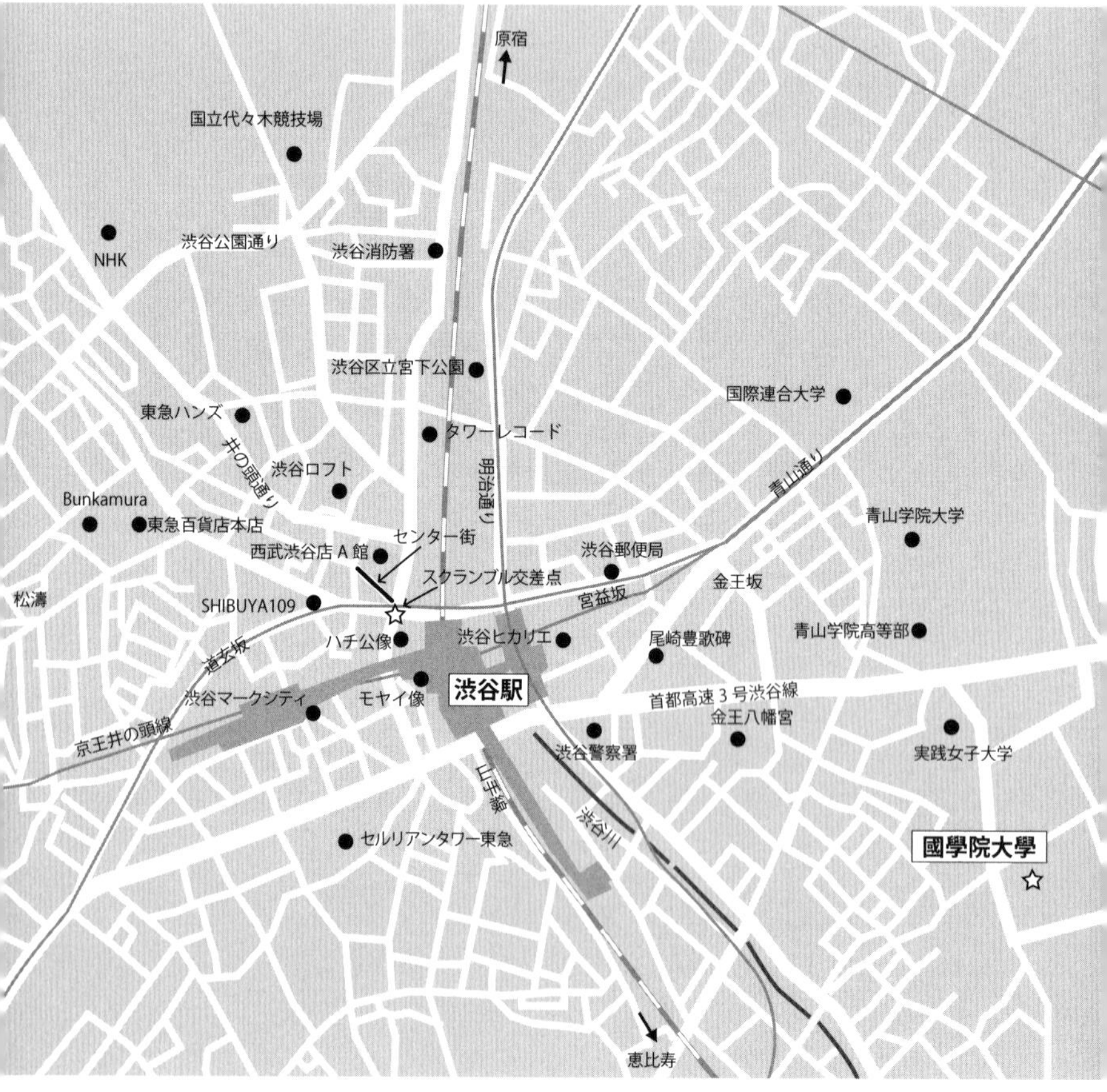
原宿
国立代々木競技場
NHK
渋谷公園通り
渋谷消防署
渋谷区立宮下公園
東急ハンズ
タワーレコード
井の頭通り
渋谷ロフト
明治通り
Bunkamura
東急百貨店本店
西武渋谷店 A 館
センター街
スクランブル交差点
松濤
SHIBUYA109
ハチ公像
渋谷ヒカリエ
道玄坂
渋谷マークシティ
モヤイ像
渋谷駅
京王井の頭線
国際連合大学
青山通り
青山学院大学
渋谷郵便局
金王坂
宮益坂
尾崎豊歌碑
青山学院高等部
首都高速 3 号渋谷線
金王八幡宮
渋谷警察署
実践女子大学
山手線
渋谷川
セルリアンタワー東急
國學院大學
恵比寿

はじめに

渋谷は生まれ変わるのか？

渋谷は今、百年に一度といわれる再開発を経験している。

平成13年（２００１）に「都市再生法（都市再生特別措置法）」が成立し、東京の再開発が加速化した。そして平成17年（２００５）に渋谷駅周辺が都市再生法による特定都市再生緊急整備地域に指定されて以降、従来の〈シブヤ〉のイメージを一新させるような開発が進んでいるのである。

平成24年（２０１２）４月にリーディング・プロジェクトとして渋谷ヒカリエが

開業した。翌年3月には高架を走っていた東急東横線が地下化された。これによって東急東横線、地下鉄メトロ副都心線、東武東上線、西武池袋線、みなとみらい線の五線が乗り入れになった。埼玉県から横浜中華街までが繋がったことになる。

東京オリンピック開催の前年になる平成31年（２０１９）には、渋谷ヒカリエと向かい合う形で地上47階建ての東棟が建ち、渋谷カルチャーの代名詞だったパルコも20階建ての複合ビルに生まれ変わる。再開発が終了する平成39年（２０２７）には、街だけでなく、人の動き、経済、文化まで大きく変わりそうである。

渋谷から〈シブヤ〉へ

〈シブヤ〉という単語が、新宿や表参道といったたんなる地名以上の意味を持つようになったのは、渋谷パルコが開店し、山の手教会の地下にあった小劇場ジャンジャン（152頁コラム）にカウンターカルチャーの雰囲気が漂っていた１９７０年代である。原宿の竹下通りがタケノコ族やポップな商店が醸し出す明るい消費文化に彩

スクランブル交差点。左手に SHIBUYA109 が見える

られていたのに比して、〈シブヤ〉はどこか反抗的で、複合的な都市空間を形成してきた。

渋谷駅にはJR東日本と3本の私鉄が乗り入れ、一日平均乗降人員は約３００万人を超えている。これは新宿駅に次ぐ世界第2位の乗降人員である。巨大なターミナル駅は会社、学校あるいは買い物など多様な人々の集積地点である。行き交う人々の群れは日々繰り返す日常的世界そのものである。

他方で、「マルキュー」と称されるファッションビルSHIBUYA 109は、お姫様衣装だけでなく、ゴスロリや「ヤマンバ」を生み出す熱力を持っている。渋谷センター街には、若者向けの軽食やファッション店が並んでいるが、その少し奥には霊感商法と合同結婚式で知られる統一教会（平成27年に改称して世界平和統一家庭連合となった）の本部がある。オウム真理教の草創期のヨガ教室は渋谷桜丘町のマンションの一室であったし、詐欺商法で逮捕された法《ほう》の華三法行《はなさんぽうぎょう》の会館は松濤《しょうとう》地区にあり、駅前の歩道橋の上では若い信者が「サイコーです！」を連呼していた。若い世代の苦悩と反抗を歌い上げた尾崎豊が夕日を見上げていたのはヒカリエ近くの歩

FIFA ワールドカップで日本が勝利して喜ぶ人たち

道橋である（166頁コラム）。

　正月やハロウィン、サッカー日本代表チームの勝利の日には、スクランブル交差点は無秩序と化す。映画ではゴジラやガメラが渋谷の町並みを破壊し、映画「バイオハザード」では、スクランブル交差点の地下はアンブレラ社の巨大な地下実験室である。アニメーション映画「バケモノの子」には、渋谷のあちこちの街角が実写さながらに描かれている。主人公たちは渋谷駅周辺のビルの細い路地を通って人間の世界とバケモノの世界を行き来する。渋谷は異世界との結節点である。

「渋谷怪談」をご存じだろうか。渋谷で起こった異界や異形をめぐる物語である。複数の映画やＯＶＡが製作されている。「○○怪談」は「新宿怪談」や「表参道怪談」あるいは「池袋怪談」では成立しなかった。

　ギリシャ語で場所のことをトポスという。ただの場所ではない、特別な場所を指す。都市というトポスは、非合理や不条理な世界を排除して成立しているわけではない。私たちはふだん、そうしたものの存在を知りながら、あたかも存在しないかのように生活しているが、思いがけず幾層もの地層の中で持続と変容を遂げながら存続してきた事象に出会って、自らの出自や文化を自覚するのである。〈シブヤ〉はそうした現代的で象徴的なトポスである。トポスとしての渋谷には〈シブヤ〉という特別な表記がふさわしい。

近代的な要素と近代が捨ててこようとした、あるいは扱えなかった要素がぶつかり合って大きなダイナミズムを生み出してきた〈シブヤ〉。現在進行中の大規模な再開発がどのような社会的文化的変動を引き起こすのか、興味はつきない。

シブヤ・イーストからの視点

國學院大學は、大正12年（1927）に飯田橋から渋谷区内ではもっとも高度の高い氷川裏御料地（東3丁目）に移転した。以来、変貌する〈シブヤ〉と不即不離の距離を保ちながら存続してきた。渋谷駅から歩いて13分の場所だが、この辺りには氷川神社などがあって緑地が多く、〈シブヤ〉とは雰囲気の異なるシブヤ・イーストである。小高い丘の上に建つ18階建ての若木タワーは渋谷東地区随一のランドマークとなっている。

本書は、そのシブヤ・イースト、つまり國學院大學から〈シブヤ〉を定点観測し、理解しようとする試みである。「渋谷学」は、國學院大學の有志研究者によって、当時としてはほとんど取り組まれていなかった地域学としてスタートした。民俗学者の倉石忠彦、歴史学者の上山和雄らが主導したが、〈シブヤ〉に魅了された他の研究領域の研究者が集まって活動はふくらんでいった。大学が平成14年（２００２）に創立一二〇周年を迎えたのを契機に、記念事業のひとつとして「渋谷学」を展開することになった。渋谷学は、大学が位置する渋谷に関する学術的な研究だけでなく、地域社会との共同、連携を視野に入れた試みでもある。

これまで國學院大學が積み重ねてきた渋谷学の成果に立って、複雑で多様な顔を持つ〈シブヤ〉の姿を探ってみたいと思う。

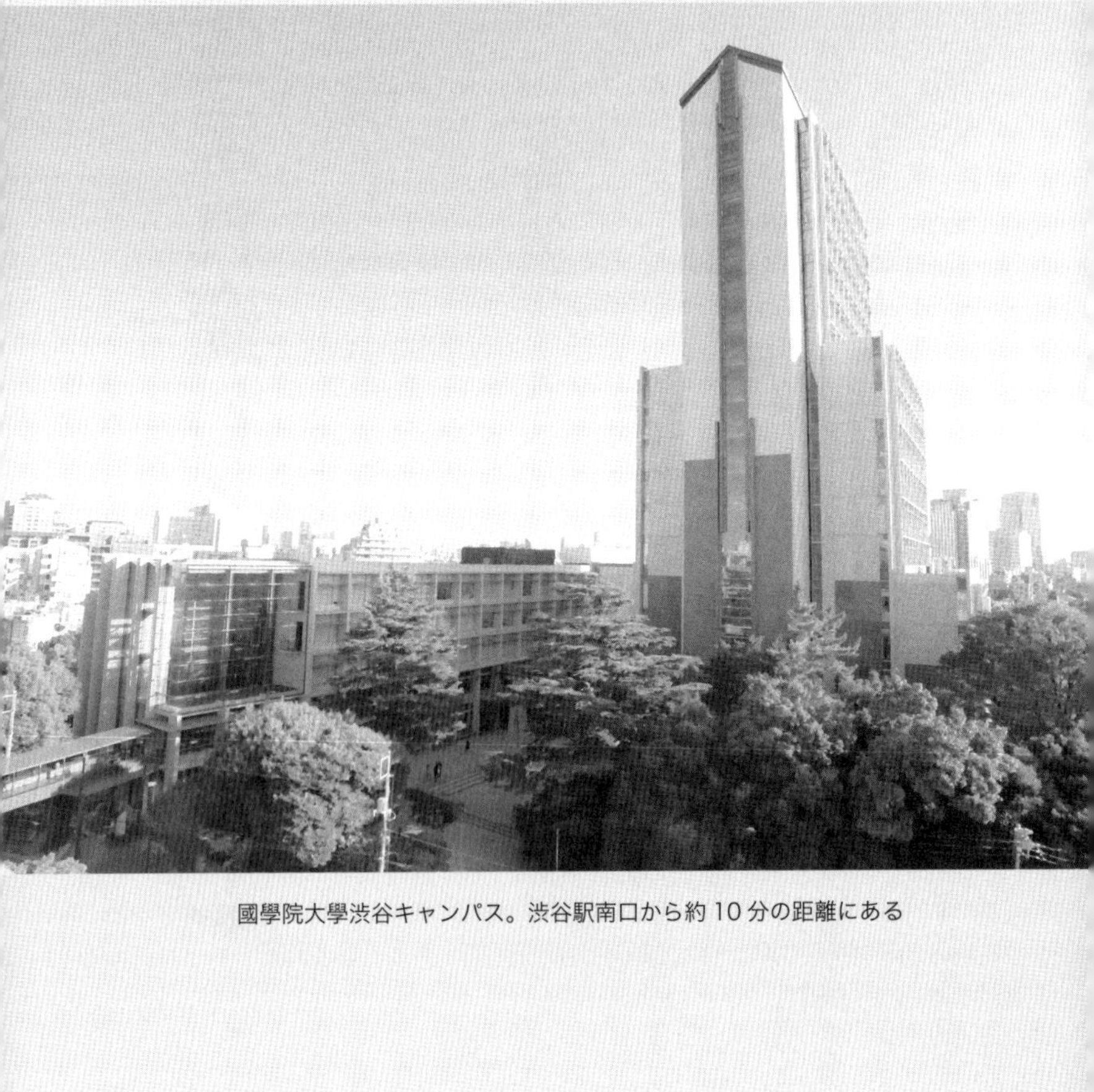

國學院大學渋谷キャンパス。渋谷駅南口から約 10 分の距離にある

1 生まれ変わる〈シブヤ〉

平成39年（2027）、渋谷はこうなる

渋谷の再開発が急ピッチで進んでいる。渋谷駅を中心とした広範囲な再開発が平成26年（2014）7月から始まった。開発は駅ビルにとどまらない。景観だけでなく、人の動線や渋谷川（といっても知っている人はほとんどいないかもしれない）の流れ自体も変える大規模なものである。戦後、さまざまな経緯を経て構築され変貌を遂げてきた渋谷が、一気に姿を変えることになる。それくらいの開発である。

さらにいえば、戦後の大衆文化が築き上げてきた、その時々の都合で作られたつ

ぎはぎだらけの建物や文化を、統御可能なコンセプトの内に収めようとする試みである。渋谷がこれまで持っていた渋谷らしさ、つまり規制や制度の枠から離れた民衆の情念のようなものとどこまで共存できるのか、それとも減じてしまうのか……。ともかく開発の全体を把握することから始めたいと思う。

まずは渋谷がどのように変わる予定なのか、再開発計画の概要を確認しておこう。リーディングプロジェクトとして、すでに「渋谷ヒカリエ」が建設されている。渋谷ヒカリエは高さ183メートル、地上34階・地下4階、敷地1万平方メートル、延床面積約15万平方メートルという巨大なビルである。高さやフロアーの数からいえば、都庁ビル（243メートル、48階）、サンシャインシティ（240メートル、60階）、六本木ヒルズ（238メートル、54階）と比較しても、超高層というわけではない。しかしながら巨大ターミナル駅でありながら高層ビルのなかった渋谷にはランドマークとなる建物である。

地下3階から地上5階までがShin Qs（シンクス）というショッピングフロアで、6・7階がカフェ・レストラン街、8階がCreative Space「8/」（渋谷区関連施設と

平成 24 年に完成した渋谷ヒカリエ

創造的スペース)、9階がヒカリエホール(エキシビジョンホール)、11階から16階がミュージカルを上映する劇場 TOKYU THEATRE Orb、そして17階以上がオフィスである(10階は商業施設ではないために抜けている)。渋谷ヒカリエができたことによって、渋谷駅から青山方面への移動が格段と便利になった。

次頁の写真上が渋谷ヒカリエを含んだ、今回の再開発地区の全体像である。渋谷駅街区を中心に、渋谷駅南街区、桜丘口地区、道玄坂街区に分けられる広範囲なプロジェクトである。これらのエリアはデッキでつながることになっており、従来の〈シブヤ〉がほぼ渋谷駅街区にとどまっていたのに対して、明治通りと青山通り(国道246)で分断されていた地域を繋げるものでもある。

今一度、全貌を立体像で確認しよう。1枚の図面で理解するには複雑なので、説明を加えながら、確認していくことにしたい。14頁の写真上は、駅方面をSHIBUYA 109の後ろの高いところから俯瞰した将来図である。既存のセルリアンタワーやマークシティも含まれているが、平成39年(2027)にはこの姿になる。

原宿方面から渋谷駅を見ると16頁の写真上のようになる。左端に建っているのが

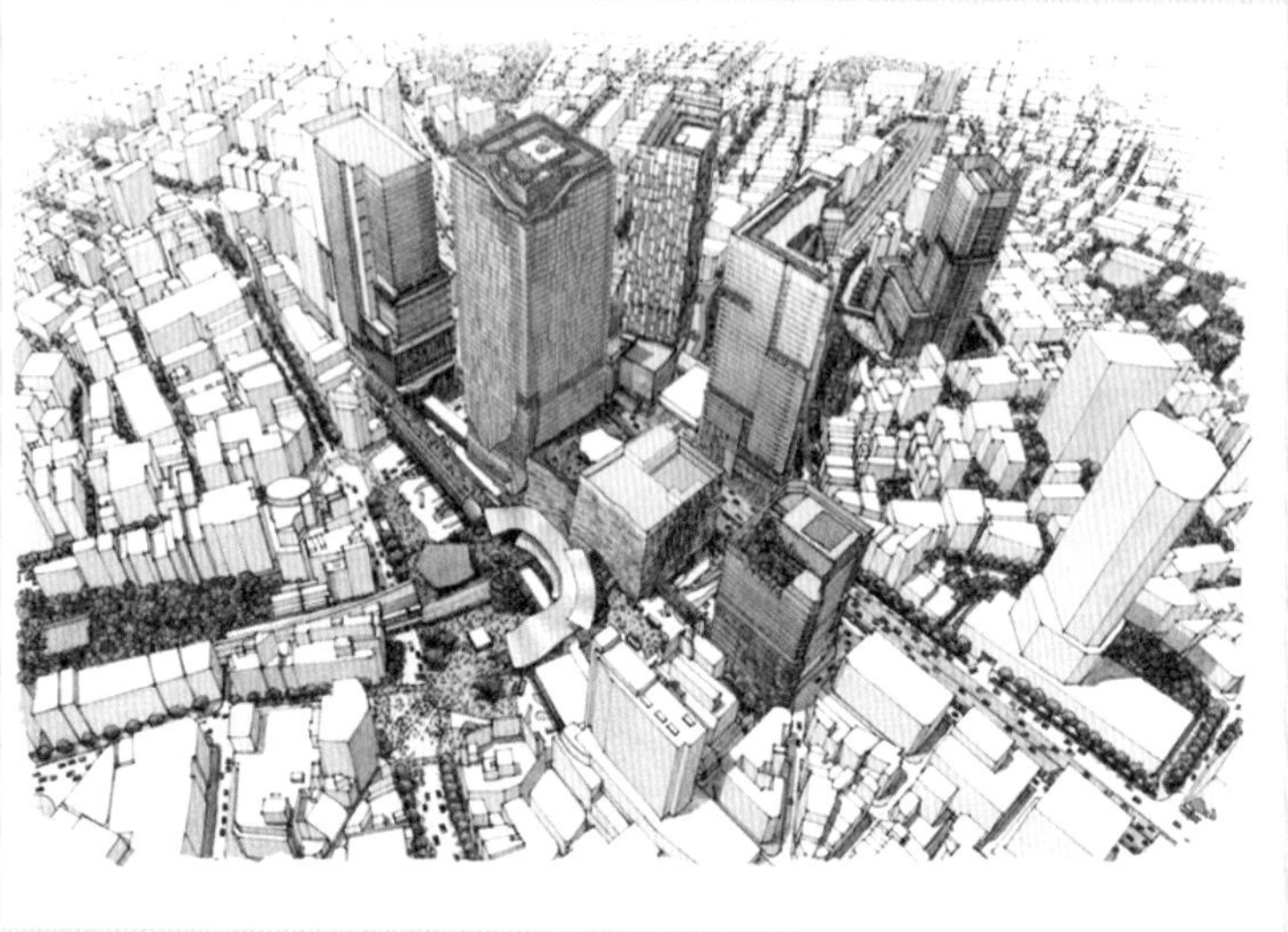

渋谷駅周辺の将来図［東京急行電鉄（株）］

渋谷駅周辺（現在）

ヒカリエである。中央が今後もっとも高層になる東棟で、現在の駅前広場の上に建つことがよくわかる。

ヒカリエの足下からマークシティへと空中で繋がっているのは東京メトロ銀座線である。右下に見えるのがハチ公口の広場である。現在よりも拡張されて、イベント広場が常設される計画になっている。

東棟の右側にも複数の建物が見えるが、かつての東急百貨店東横店東館跡地に建つビルである。

次に、開発地区ごとに開発の簡単な説明をしておこう。

変わりゆく渋谷駅

今回の再開発の中心はなんと言っても渋谷駅周辺である。たんに新しい建物が建つだけでなく、渋谷駅に乗り入れている複数の鉄道にも大幅な改良工事が行われる。

開発のコンセプトは次の3点である。

表参道方面から見た渋谷駅の将来図［東京急行電鉄（株）］

地上 47 階地下 7 階の渋谷駅街区東棟

1　世界から常に注目を集め続ける街の実現

2　日本最大級の屋外展望台で来訪者を魅了

3　安全で快適な街をめざして

渋谷駅街区に建つのは、東棟、中央棟、西棟の3棟である。東棟はオリンピック前の平成31年度（2019）、中央棟・西棟は平成39年度（2027）の竣工予定となっている。ハチ公口も一体開発される。もっとも高層は東棟で、地上230メートル、地上47階・地下7階の巨大なビルである。高さでいえば都庁ビルや六本木ヒルズとほぼ同じ高さになる。ビルの屋上には日本最大級の展望台が設けられることになっている。渋谷の新たなランドマークとなることはまちがいない（右頁上）。

何点かのイラストが公開されているが、この高さでの展望台は壮観というよりは恐怖に近い感覚を覚えるかもしれない。東棟は、かつてあった東横デパートの敷地の上に立つのではなく、駅前広場にせり出す形式をとる。つまり、ヒカリエと東棟は明治通りを挟んで向き合うのである。

東棟屋上は展望エリアになる

東棟屋上から見たスクランブル交差点

東棟建築の後に建設される中央棟は地上10階・地下2階、西棟は地上13階・地下5階である。

ハチ公口もモダンな様式になる。16頁や22頁のイラストでわかるように、立体化されている。開発で用いられている構造というか理念が「アーバンコア」である。アーバンコアは、もともと高低差の大きい渋谷がさらに立体化しながらも人や物の移動をスムーズにする、とくに縦に移動させるための仕掛けのことである。この仕掛けはすでにヒカリエにも導入されている。地階から上方へ向かって複数のエレベーターとエスカレーターが設置され、横の移動を目的とした通路やデッキと繋がる。ただの移動のための装置というよりは、駅や街との結節点であることを強く意識した構造である。

ダンジョン化した渋谷駅

渋谷駅は、JR東日本（山手線、埼京線、湘南新宿ライン、成田エクスプレス）、

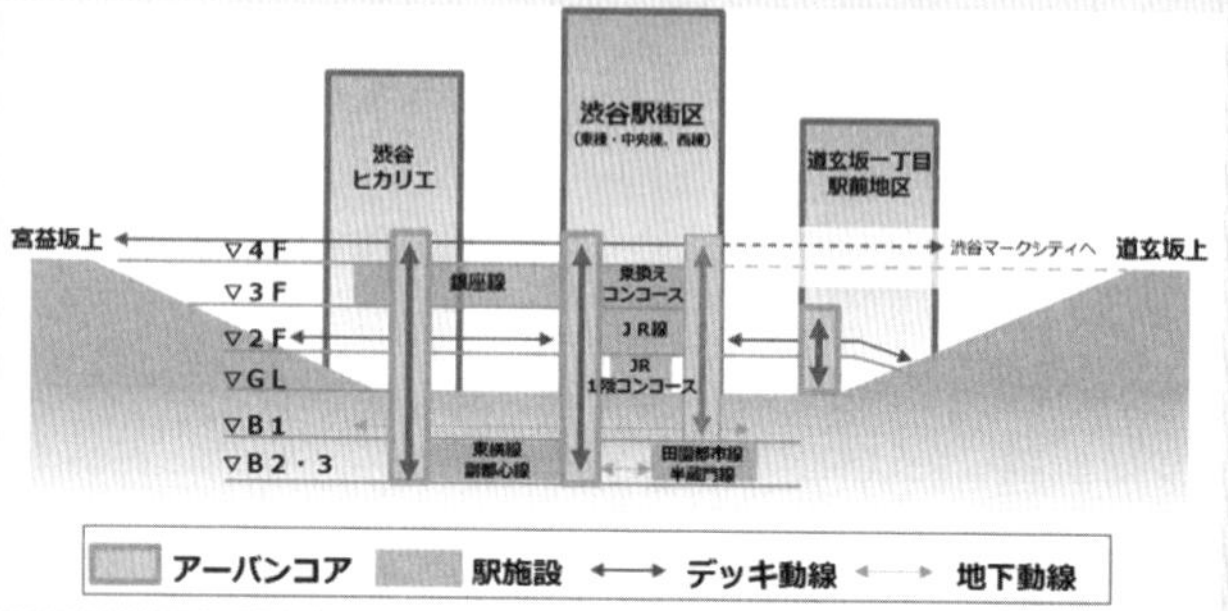

渋谷駅周辺将来予想断面図

渋谷ヒカリエのアーバンコア［渋谷ヒカリエ］

京王・井の頭線、東急線（東横線、田園都市線）および東京メトロ（銀座線、半蔵門線、副都心線）という四社の路線が乗り入れるターミナル駅であり、世界でも有数の乗降客数を誇っている。この駅の機能を止めずに再開発することが容易でないことは明らかである。工事が進む現在、渋谷駅の乗り換えは地上と地下を結ぶ複雑なものになっており、行くたびに経路が違うことすらある。ＲＰＧゲームの地下迷宮を連想させるということで、渋谷駅はダンジョンと呼ばれたりしているのだが、建造物のさらなる立体化は乗り換えの複雑さに拍車をかけかねない。

再開発でコンコースの拡充やバリアフリー化などさまざまな整備が行われるが、鉄道に関する大規模な変更がふたつある。ひとつは埼京線ホームの移設である。現在、埼京線ホーム（湘南新宿ライン、りんかい線を含む）は山手線ホームと繋がっておらず、恵比寿駅方面にずれて設置されている。両ホームを移動するには通路でのかなりの距離の移動を余儀なくされている。この、駅の南側に離れて位置している埼京線ホームを３５０メートル北側へ移設し、山手線ホームと並列とする。

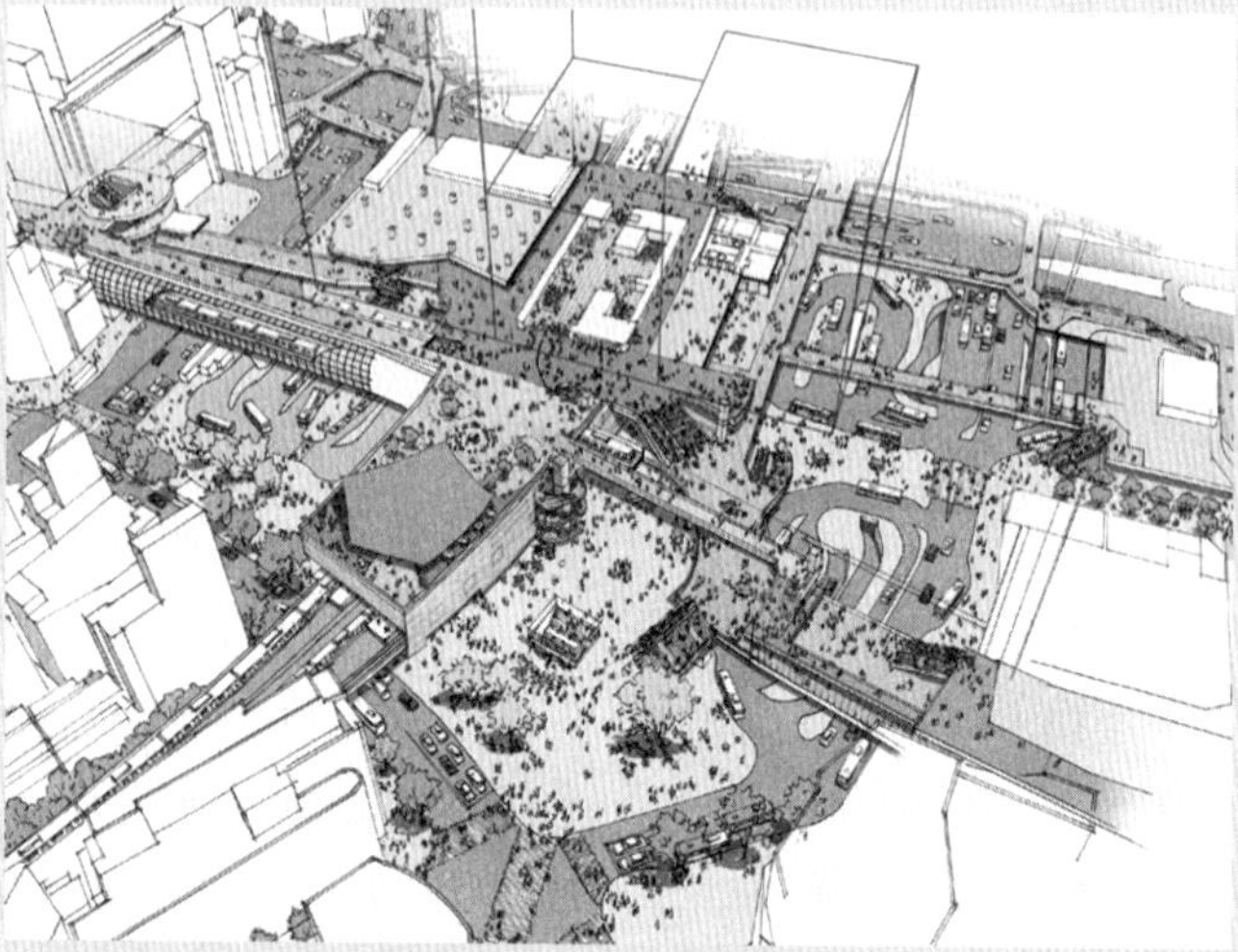

ハチ公口将来図［東京急行電鉄(株)］

渋谷川移設工事断面図［渋谷駅街区土地区画整理事業共同施行者］

いまひとつ大規模な移設が生じる。東急百貨店東横店東館（２０１３年３月閉店）の建物３階にあった地下鉄銀座線のホームを、東へ１３０メートル移すのである。ホームの両サイドに車両がとまるようになり、ホームの上部はヒカリエに続く遊歩道となる。明治通りをまたいで敷設されていた橋脚が５つへと減る（右頁下）。

これらの工事は駅周辺の再開発によるところが大きいが、同時に、これまで動線が複雑と指摘されてきた過去を清算しようとするものである。予想通り整然とした動線が完成するのか、さらなるダンジョン、迷宮化するのか興味深い。

渋谷駅南街区（恵比寿方面）

高速道路を挟んで、渋谷駅南街区にも高層複合施設（渋谷ストリーム）が建つ。地上35階・地下４階で、事務所や店舗の他にホテルが入る。従来、渋谷南街区は、オシャレな〈シブヤ〉とは縁のないような猥雑な都市空間であった。小規模なビルが林立し、道路は狭隘で雑多な店舗、各種専門学校や予備校が設けられている。

左頁が建築予定のビルである。

あわせて渋谷川の再生と広場の整備が行われる。渋谷川は、穏田川・宇田川合流点（現在は暗渠《あんきょ》）から出て、稲荷橋《いなり》で姿を現し、明治通りに沿って恵比寿を通り天現寺橋まで流れる川である。都会のビルの谷間を流れる川であり、清流の面影はまったくない。水量は少なく、河岸は場末を感じさせるようなコンクリート製である。この渋谷川が風情のある水辺空間へと変貌する。

左のイラストからすると、河畔は人の賑わう景観へと変貌する。並木道ができ、広場がもうけられる。このイラストの少し先に行くと、國學院大學が見えてくる。

渋谷駅桜丘口地区（代官山方面）

桜丘口地区とは、渋谷駅から恵比寿方面に向かって右手奥の地域になる。南街区同様、〈シブヤ〉を想起したときにほとんど思い当たることのない地域である。

ここにA街区、B街区、C街区からなる三棟のビルを中心にした建物が建つ。A

渋谷駅南街区に建つ渋谷ストリーム［東京急行電鉄（株）］

渋谷川と渋谷ストリーム［東京急行電鉄（株）］

環境整備後の渋谷川［東京急行電鉄（株）］

現在の渋谷川

街区が地上37階・地下4階、B街区が地上32階・地下2階、C街区は地上4階である。渋谷駅に建つ東棟やヒカリエよりはやや低層であるものの、かなりの規模のビル群である。事務所、店舗だけでなく住宅や教会が含まれることになっている。渋谷駅、南街区、桜丘口地区は、すべて歩行者デッキでつながる。現在は道路で分断されているエリアが、すべてバリアフリーアクセスへと変更される。

道玄坂地区（神泉方面）

道玄坂地区は、渋谷駅街区の裏側にあたる地域で、ここにも地上18階・地下4階のビルが建設される。渋谷街区のビルとは歩行者デッキでつながる。建物の用途は事務所、店舗が中心である。

渋谷の大学

渋谷駅周辺には「学校」が非常に多い。小中学校や高校があるだけでなく、専門学校、各種学校、予備校、進学塾まで含めると相当の数になる。ターミナルステーションであることが「学校」の立地にふさわしいのだろう。

渋谷駅周辺には複数の大学が立地しているのをご存じだろうか。駅から最も近いのは東京経済大学渋谷キャンパスで、JR南口から5分ほどの桜丘町にある。明治から大正期に建学された大学は、高台である常磐松《ときわまつ》、青山、広尾にかけた東渋谷丘陵地に位置している。國學院大學、青山学院大学、実践女子大学、聖心女子大学、東京農業大学（かつては現在の青山学院中等部の場所に位置していたが、空襲により建物を焼失。その後、世田谷へ移った）である。

これらの大学の多くは宗教施設を持っている。青山学院大学はプロテスタント・メソジスト派の学園で、青山キャンパスにはガウチャー記念礼拝堂があり、クリスマスにはツリーの点火祭を行っている。聖心女子大学は聖心会というフランスの女子修道会を母体にした大学で、構内に聖堂・マリアンホールが設けられ、毎朝ミサが行われている。

実践女子大学は明治時代の女子教育者・下田歌子が開講した大学である。下田歌子の死後、歌子の霊を祀る香雪神社が設けられた。

國學院大學渋谷キャンパスに祀られているのは神殿で、正門の右手に鬱蒼とした木々に囲まれて建っている。大正12年（1923）に現在地に移転した際に神殿建築の機運が高まり建立された。祭神は天照皇大神を主神として天神地祇八百万神を合祀している。神殿鎮座祭（5月1日）、創立記念日（11月4日）などの祭典が年間を通じて行われている。

國學院大學神殿

渋谷駅桜丘口地区の将来図［東急不動産（株）］

道玄坂地区の将来図［東急不動産（株）］

道玄坂一丁目駅前地区のバスターミナルとアーバンコア［東急不動産（株）］

再開発の目的

百年に一度の再開発といわれているその目的は何なのだろうか。工期はオリンピックを目途としているものが多いが、以後も続く。事業主体は複数になっており、目的も微妙に異なっている。

開発の経緯をたどってみよう。平成13年度（２００１）に始まった再開発の準備作業は、平成15年（２００３）３月に『地球環境時代の渋谷再生プラン　渋谷駅周辺整備ガイドプラン21』（渋谷区都市整備部まちづくり課都市計画係）へと結実した。その後、「渋谷駅中心地区基盤整備方針」（平成24年10月）が策定され、平成28年（２０１６）３月に「渋谷駅周辺まちづくりビジョン〜協奏するまちづくりを目指して〜」が公開されて、より具体的な指針が提示された。

渋谷のまちづくりの将来像（まちづくり指針21）は「世界に開かれた生活文化の発信拠点〝渋谷〟のリーディングコア―広場・坂・路面店を活かした、めぐり歩ける、環境と共生するまちを目指して―」である。策定された将来像は、発信する情報の主たる分野を「生活文化」と定めて、まち全体で取り組むことを意味している。渋谷の有する優位性を鉄道沿線の後背地や、原宿や代官山といった個性的な周辺地域との交流が生み出す「生活文化」の発信にあるとして、発信機能を強化しようとするものである。

ここでいう「生活文化」とは、「ライフスタイルに密着した、多様で活動的、ファッション等先端的な文化の拠点として、様々な人々が憧れるような「衣食住」を感じ、学び、創り、遊び、発信する場の集積」をイメージしているという。渋谷が１９７０年代から若者文化を中心に発展してきた経緯を念頭に置いているのだろう。「生活文化の発信」は、「交流から生まれる活動的、先端的な文化のインキュベーション。多様性に満ちた活力ある外部空間の創造」とも言い換えられている。インキュベーションとは育成といった意味である。達成されるべき利用者層的な状況をイメージしているのであろうが、あまりに過度な理想にも思えてくる。

駅中心地区の将来を実現するために、次の七つの戦略を設けるという。

駅中心地区の将来像を実現する七つの戦略

戦略1　渋谷を発信する
〜〝生活文化〟の創造・発信拠点の形成〜

戦略2　谷を冷やす
〜緑・水を活かした谷空間の環境づくり〜

戦略3　都市回廊を創出する
〜元気な若者に限らず、だれもがめぐり歩いて楽しいまちの実現〜

戦略4　人間中心のまちをつくる
〜交通結節機能の再編・強化等による快適な歩行環境の形成〜

戦略5　安全安心なまちをつくる
〜街区再編や拠点開発による、災害に強く犯罪の少ない安全安心なまちの実現〜

戦略6　渋谷らしさを強化する
〜広場・坂・路面店を活かした〝渋谷らしさ〟をもった景観形成〜

戦略7　みんなで育てるまちづくり

〜協働型まちづくりによる渋谷の将来像の具現化〜

さらに「渋谷駅周辺まちづくりビジョン」では、七つの戦略をもとに四つの視点を打ち出している。

視点1　「まちの多様な顔を生む〝渋谷スケール〟」

視点2　「歩いて楽しい〝渋谷ストリート〟」

視点3　「様々な機能が混在し多様な交流を生む〝渋谷ライフ〟」

視点4　「世界への発信力を持つ〝渋谷カルチャー〟」

事業者である東急電鉄株式会社や周辺の地権者が平成21年（２００９）に決めたコンセプトは上記と重なりながらも微妙な相違を示している。それが「エンタテイメントシティしぶや」である。これは次のように言い換えられている。

「いつも動いている、いつも新しいことが始まっている渋谷」

具体的なビジョンは次の五つである。

1 エンタテイメントの街―Bunkamuraやヒカリエの中のシアターホール、パルコ劇場など、本場物のライブエンタテイメントを楽しめる
2 情報発信の街―ニューヨークのタイムズスクエアのように、先進的な情報発信が行える街
3 新たなビジネスの創出拠点―日本のシリコンバレーになる
4 ファッションの街―渋谷らしいファッションを発信する
5 イベントの街―渋谷でしかできないイベント

文化消費としての〈シブヤ〉

こうした多くの戦略やビジョン、コンセプトは何を意味しているのだろうか。

社会学者の野村一夫は、渋谷系の文化現象を「文化消費」の視点から考察している。

岡本太郎「明日の神話」

井の頭線の渋谷マークシティ４階改札を出てＪＲ改札方面へ歩いていくと、通路に飾られた巨大な壁画が目に飛びこんでくるだろう。大阪万博に設けられた「太陽の塔」の制作者として知られている岡本太郎の最高傑作のひとつ「明日の神話」である。

縦５・５メートル、横30メートルの「明日の神話」は、原爆の炸裂する瞬間を描いた巨大壁画である。中央部に描かれた爆発の中心には骸骨と炎のモチーフが示されており、キノコ雲が外へと広がっている。爆心の左下には原爆の炎に焼かれる無数の人びとが黒く描かれている。壁画の右端に船が描かれているが、昭和29年（１９５４）にアメリカがビキニ環礁で行った核実験で死の灰をかぶった第五福竜丸だといわれている。

「明日の神話」は１９６０年代にメキシコの実業家から新築ホテルのロビーを飾るものとして依頼された作品であった。しかしホテルは開業されず、壁画は行方不明となった。その後、平成15年（２００３）に壁画はメキシコシティ郊外の資材置き場で発見され、当時大きな話題になった。３年間にわたる修復作業が完了し、平成20年（2008）11月に渋谷駅に恒久設置されたのであった。

「明日の神話」は原爆の悲惨さを描いているが、タイトルからもわかるように、残酷な悲劇の中から未来の神話が生まれることを象徴している。

渋谷駅を利用したときには、通過するだけでなく、巨大な壁画を十分に堪能していただきたいと思う。

岡本太郎の最高傑作の1つ「明日の神話」

「渋谷系」という言葉は、１９９０年代前半に渋谷界隈で生成していた音楽状況を指している。新しい自己表現の形式というよりは、みんなが知らない音楽を発見して模倣してみるという「コアな音楽の発見と模倣の導入」を意味している。目利き、事情通、選曲センスの産物であり、小沢健二、小山田圭吾、野宮真貴といった人物に代表されるオシャレな音楽である。

野村はこうした「渋谷系」の現象こそが渋谷の持つ特殊なシンボル性を教えてくれるものであり、これは文化消費の問題であると指摘する。

第一に、場所性が必要である。人がその場所に集まるのはシンボル性・場所性の問題である。場所、通り、街に物語が宿っていることが重要である。

第二に、文化消費にはオーディエンス（聴衆）が必要であり、多様なオーディエンスが存在する都市こそが文化消費にふさわしい。

第三に、勉強したオーディエンスになってこそ楽しむことができるわけで、断片的ではない「知識」が必要である。

第四に、それなりの文化資本を過剰に読み込もうとする読み手が必要である。

そして最後の第五であるが、「依《よ》り代《しろ》」が必要である。能動的な読み込みをする読み手の期待にこたえる人物や集団が現れると、その文化シーンは拡散する。

こうした指摘を「渋谷」にあてはめてみると、インターネット時代である現在、三から五まではとくに「渋谷」に限定されず、互換性を考えることができる。しかし、一と二については取り替え不可能だと野村は指摘する（野村一夫「シブヤイーストのメディア文化論的構築のために」田原裕子編著『渋谷らしさの構築』）。

戦後の渋谷、とくに東京オリンピック以降の渋谷を見たときに、「渋谷」という場所が〈シブヤ〉へと変容する過程を確かに確認することができるように思う。渋谷のファッションや音楽が、あるいはSHIBUYA 109が全国展開できたのは、「渋谷」という場所が生み出したシンボル性によるものである。

近未来の渋谷の姿を紹介してきた。整然と整えられた空間と、人・物の移動の統御がイメージできる計画図である。こうした戦略や新しい都市のビジョンは、これまでの〈シブヤ〉をどう変えていくことになるだろうか。より〈シブヤ〉らしさを増大させるものになるだろうか。それとも、幾層にも重なり混じり合う〈シブヤ〉のシンボル性とそれを生み出す力とを削ぎ落とすことになるのだろうか。多数の関係者の思惑が交錯する中で、〈シブヤ〉はどのような街へと変貌するのだろうか。

次は、渋谷のもっとも〈シブヤ〉らしい場所の生成と意味を扱うことにしよう。

2 スクランブル交差点という祝祭

交差点は聖地となった

「渋谷」のシンボルといったら何か。それは「スクランブル交差点」である、という調査結果がある。渋谷に本部のある東急グループが平成27年（2015）に行った調査で、渋谷でシンボルだと思われる場所や物、商業施設など、あてはまるものすべてを選んでもらったアンケート結果が表1である。

ベストテンを挙げてみたが、「ハチ公の銅像」と「スクランブル交差点」が僅差で、他と比べればダントツで並んでいる。「センター街」を挙げた人は半数ほどにとどまっている。表1はランダムに思いつく場所や物を集計した結果だが、「もっともシンボルと思われる場所や物は」という尋ね方をすると、順位は逆転する（表2）。トップはダントツで「スクランブル交差点」で、60代以上を除くすべての世代で1位になっている。

國學院大學の研究チームが沖縄や山口県の高校生・大学生に行ったアンケート調査でも同様の結果が出ている（車塚洋「若者の渋谷観」倉石忠彦編著『渋谷をくらす』）。

スクランブル交差点は日本のみならず海外でもよく知られた場所で、ネットには「これは未来都市だ」（ルーマニア、23歳）、「正直言って、本当に、本当に普通じゃない光景に見える」（アメリカ）、「ここは俺が日本へ行ったときに見たいものナンバー1の場所だ。自分自身で体験したいんだ。あの渋谷の交差点を俺は渡ったぞと人に自慢するために」（国籍、年齢不詳）といった声もみられる。

スクランブル交差点の交通量は、一回の青信号で、混雑時には3千人、一日50万人にも上ると見なされている。

表1　渋谷でシンボルと思われる場所や物（ベスト10）

	6,586（件）	100.0（%）
ハチ公の銅像	5,635	85.6
スクランブル交差点	5,571	84.6
センター街	3,676	55.8
渋谷ヒカリエ	3,266	49.6
SHIBUYA109	2,970	45.1
Bunkamura	2,384	36.2
東急百貨店本店	2,079	31.6
モヤイ像	2,050	31.1
東横のれん街	2,025	30.7
東急ハンズ	1,829	27.8

［東京急行電鉄（株）］

表2　渋谷でもっともシンボルと思われる場所や物（ベスト5）

	全体	20代以下	30代	40代	50代	60代以上
スクランブル交差点	53.6	56.2	62.0	58.7	53.9	41.5
ハチ公の銅像	32.5	23.4	23.7	26.3	33.9	44.1
センター街	3.0	3.6	4.7	4.5	2.2	1.2
SHIBUYA109	2.6	5.8	3.2	3.2	2.7	0.8
渋谷ヒカリエ	2.2	3.6	1.9	2.2	1.8	3.1

［東京急行電鉄（株）］

渋谷区は平成27年の大晦日、交差点内にステージを設けて新年のカウントダウンを実施した。スクランブル交差点は、大晦日、サッカー・ワールドカップやハロウィンの際に多くの若者が集まる場所となり、警察が取り締まるまでになっていた。昨年までは年越し前後の4時間、交差点隣接エリアを柵で封鎖して人の通行を規制したが、カウントダウン時には数千人の若者らが押し寄せ、交差点周辺はすし詰め状態になった。大騒ぎの末、逮捕者も出るしまつとなった。渋谷区は発想を転換し、平穏な年越しを目指したが、結果的にはさらに大勢が集まることとなった。

平成28年大晦日、午後10時から元日未明にかけて、警視庁はスクランブル交差点や道玄坂を「歩行者天国」として歩行者に開放した。Qフロントの大型ビジョンには時刻が大写しに表示されている。年明けが近くなってあちこちで歓声が湧くようになり、零時になって最高潮を迎えた。

年越しの様子をルポした「渋谷新聞」が興味深いことを指摘している。スクランブル交差点で年越しを迎えた人々の中で日本人はわずかに一、二割程度だったというのだ。大半が外国人で、新聞社の独自集計（ハチ公前のベンチに腰掛けていた

大晦日のスクランブル交差点

スクランブル交差点の前で新年を待つ人たち

１００人）によると、多かった国は、インドネシア（19人）、インド（11人）、タイ（９人）、フィリピン（８人）と続くアジアの国々の旅行者だった。

こうした騒動は、渋谷の他で生じていない。商略やマスコミの誘導でこうした現象が生じているわけではない。なぜスクランブル交差点に大群衆が集まり、カウントダウンやハイタッチが繰り返されるのだろうか。

「あけおめ」とスクランブル交差点

毎年大晦日にスクランブル交差点で繰り広げられる「あけおめ」に興味を持った民俗学者の高久舞は、平成21年（２００９）から3年間にわたって現地調査を敢行した（「渋谷の《祝祭》─スクランブル交差点につどう人々」石井研士編『渋谷の神々』）。実際に調査すると思いがけない事実が明らかになった。

まず、いつ頃からスクランブル交差点での「あけおめ」が始まったかであるが、

規制の始まったスクランブル交差点（平成 21 年 12 月 31 日 22 時半頃）

開始が明確になる具体的な契機は特定できなかった。どうやら自然発生的であるらしい。平成13年（２００１）に21世紀の開始を告げるカウントダウンイベントが、スクランブル交差点に面したQフロントの大画面を使って行われたことがある。この時には、地下鉄入口の屋根に上っていた若者が怪我をする事故があり、広告代理店が書類送検されている。それ以前にもカウントダウンが行われていた様子をうかがえる資料は存在するが、実態はよくわからない。

高久による平成21年（２００９）大晦日のレポートを要約しながら説明すると次のようになる。

22時半頃になると警察官が増員され動き始める。23時をまわるとセンター街入り口に人が集まり始める。10代後半から20代が多く、大半は4～8名のグループである。家族連れやカップルは少ない。外国人の数が日本人よりも多くなる。韓国、中国、西洋系など国際色豊かである。すでにこの年にはかなりの外国人が「あけおめ」に参加していたことがわかる。

23時頃からスクランブル交差点での斜め横断が禁じられ、緊張感が高まっていく。警察がスピーカーを使って、日本語と英語で「渋谷でのカウントダウン行事は行われません」を繰り返す。23時半を回るとハチ公側とセンター街付近は人で溢れかえる。「この年、歓声を上げていたのは90パーセントがアルコールを片手にした海外の人達であった」。23時50分頃、ロケット花火を打ち上げる若者が現れ、周辺が瞬間的にパニックになる。

カウントダウンは突然始まった。どこからともなく「20秒前」という声が聞こえると、小さかった声が段々大きくなり「3、2、1」という声とともにクラッカーやお酒や水が空中を飛んだ。「ハッピーニューイヤー」と「あけおめ」という声が方々から聞こえ、盛り上がりは最高潮に達する。信号が青になるたびに横断者がハイタッチする現象が外国人を中心に始まる。信号に合わせて波が押し寄せては引くようにハイタッチを繰り返しながら人々は動いていく。熱狂は30分ほどで引いていき、警察車両も消えて斜め横断も解除される。元の平凡な日常世界が立ち現れる。

ところで、カウントダウンを行う群衆の中に少なからぬ数の外国人がいるという

０時ジャストの表示を撮るために一斉にスマホを掲げる人たち

センター街入り口付近の「あけおめ」（平成22年1月1日0時15分頃）

ことが、こうした現象の発生にかかわっているようである。彼らは集団でやってきて、酒を飲み、積極的にカウントダウンを行う。彼らはネットや人づての情報を中心に「渋谷でカウントダウンがある」と知ってやってくる。そして「渋谷に行けば何かやっているのではないか」ということで駆けつけた日本人が盛り上げ、さらにその外周を、騒ぎを見物している大勢の人達が取り囲む、と高久は状況を分析している。

スクランブル交差点というトポス

スクランブル交差点は、日本人だけでなく外国人の間でも広く知られている存在である。人気ゲームソフトの「バイオハザード」が映画化されている。平成28年（2016）12月にはシリーズ5作目の「バイオハザード・ザ・ファイナル」が公開された。ミラ・ジョボビッチ主演のアクション・ホラー映画である。ところで、シリーズ第4作の「アフターライフ」は渋谷のスクランブル交差点から始まっている。

雨の中、一人の女性が傘も差さず、思い詰めた様子でスクランブル交差点の真ん中で立っている。交差点で立ち止まり、ずぶぬれになった姿はすでに事件のはじまりを予感させる。彼女の行動は十分に奇異だと思われるが、群衆は無関心を装って通り過ぎていく。そして彼女は空を見上げて叫び始める。通行人は何事も起こっていないかのように黙々とスクランブル交差点を歩いていく……。

映画では、スクランブル交差点の下は生物兵器を開発するアンブレラ社の秘密ラボになっている。彼女はゾンビへと変身していき、シリーズで起こった悪夢のような光景が再来する。

「アフターライフ」の公開はスクランブル交差点をいっそう有名にしたかもしれないが、すでにスクランブル交差点は世界的に知られていたために、映画の冒頭のシーンとして採用された、と考えた方がいいだろう。

スクランブル交差点自体は、多くはないが日本を初め世界中に存在する。（ロンドンにあるオックスフォード・ストリートのスクランブル交差点は渋谷のスクランブル交差点を模したものである。）スクランブルではないが、ニューヨークのタイ

「バイオハザード IV アフターライフ」
Blu-ray 2,381 円（税抜）
2017 年 3 月現在
発売・販売元：ソニー・ピクチャーズ エンタテインメント

「バイオハザード IV　アフターライフ」のワールドプレミアでゾンビに扮する観客［時事通信フォト］

映画の中の渋谷

映画「バイオハザードⅣ　アフターライフ」「バケモノの子」が渋谷のスクランブル交差点を意識して制作されていたことは本文に記したとおりである。映画「渋谷怪談」はそのものズバリ渋谷を舞台にしている。

國學院大學の渋谷学シンポジュウムで「渋谷怪談」の福谷修監督に渋谷を描いた映画の話をうかがったことがある（渋谷学研究会編『渋谷を描く』）。渋谷を舞台にした映画は多いとはいえ、銀座や新宿に比べるとまだ少ないという。80年代後半のバブル期の前半からようやくフィーチャーされるようになったそうだ。

もっとも古い渋谷を舞台としたのは「ハチ公物語」（昭和62年）のようである。昭和の渋谷を描いた映画はほかに昭和11年の二・二六事件を映画化した「226」（平成元年）や、恋文横町でロケをした「恋文」（昭和28年）がある。「モスラ」（昭和36年）では、モスラは渋谷の街を破壊したあとに東京タワーへと向かう。

80年代以降は数が多く、福谷監督が挙げた作品を列挙すると、邦画では「メガゾーン23」（昭和60年）、「公園通りの猫達」（平成元年）、「ラブ&ポップ」（平成10年）、「ガメラ3」（平成11年）、「ゴジラvsメガギラス　G消滅作戦」（平成12

年)、「ドラゴンヘッド」(平成15年)、「渋谷区円山町」(平成18年)、「ヤッターマン」(平成21年)、洋画では「ワイルド・スピード X3 TOKYO DRIFT」(平成18年)、「バイオハザードⅣ アフターライフ」(平成22年)となる。

福谷監督によると、基本的に渋谷、とくにスクランブル交差点やセンター街でのロケは認められないのだそうである。CGを使ったり、巧みに編集したりするらしい。堂々と渋谷を描けるのはアニメだけなのかもしれない。

渋谷の映画について語る福谷修監督

ムズ・スクウェアやイギリスのアビー・ロードのように、世界的に知られた空間はある。しかしながら、渋谷のスクランブル交差点を中心に起こっているさまざまな出来事や、世界的な認知度の高さを見ていくと、渋谷のスクランブル交差点が、何かきわめて現代的な意味を持っている象徴的なトポスであるように思えてくる。

投稿動画はいまや特別なものではない。渋谷のスクランブル交差点でのダンスやパフォーマンスが数多く投稿されている。信号が赤に変わるまでの40秒ほどの間に、人気アニメの「涼宮ハルヒの憂鬱」の主題歌「ハレ晴れユカイ」やロボットダンスなどを踊ってはサッと解散していく、というものである。一見して、背景がスクランブル交差点であることがわかる。

スクランブル交差点は歩行者用の通路であると同時に、渋谷駅南口に広がる複数の特徴的な建物に囲まれた特別なトポスである。そこからさらに他の特定の場所へと繋がる出発点ともなっている。だからこそ、一日に50万人もが往来する空間となっているのである。

この章ではスクランブル交差点を含めた空間や通路を考察してみたい。まずは

おきたいと思う。

「おけおめ」と同様、人が溢れかえって〈祝祭〉となる事例をもう二つばかり見て

サッカー・ワールドカップでのハイタッチ

サッカーのＦＩＦＡ男子ワールドカップの際にも、スクランブル交差点ではしばしば祝祭と思えるような光景を見ることができた。信号が青になるたびに、通行人がすれ違う人々とハイタッチを繰り返す。興奮した若者たちが信号を遵守しながら交歓する様子は、日本人らしい生真面目さを感じさせて、どこか滑稽である。

日本がＷ杯に初めて参戦したのは平成10年（１９９８）のフランス大会だった。Ｊリーグが結成されてから５年後のことであった。悲願のワールドカップ初出場がようやく達成されたため、参加が精一杯といった印象であった。肝心の本戦は、グループリーグを全敗で終えた。その後の日本の成績は以下の通りである。

平成10年（１９９８）　フランス大会　グループリーグ３戦全敗

FIFA サッカーワールドカップでスクランブル交差点に集まったサポーター（平成 26 年 6 月 15 日）

興奮するサポーターを控えめに牽制する警察官

平成14年（2002） 日韓合同大会 ベスト16
平成18年（2006） ドイツ大会 グループリーグ最下位
平成22年（2010） 南アフリカ共和国大会 ベスト16
平成26年（2014） ブラジル大会 グループリーグ最下位

スクランブル交差点でのハイタッチの高揚した様子が広く知られたのは平成14年（2002）のワールドカップである。日韓共同開催となった大会で、日本代表は初めて決勝トーナメント進出を決めた。集団でスクランブル交差点に進入しては「オーレオレオレオレー」と日本代表を鼓舞する歌が合唱された。

スクランブル交差点での「あけおめ」をレポートした高久舞は、日本代表がベスト16入りした平成22年（2010）の勝利に沸く様子も取材している。ベルギー戦に2対0で勝利し、決勝リーグに進むことが決まった6月25日午前5時過ぎのことである。レポートを要約しながら説明すると次のようになる。

人々が集まっているのは「あけおめ」のカウントダウンが行われたのと同じスク

ランブル交差点である。違っているのは、駅へ向かう群衆の中にサッカー日本代表の青いレプリカユニフォームを着ている若者が少なからず見られた点である。渋谷駅周辺にはスポーツバーやスポーツカフェが40店舗以上ある。そこでの観戦を終えた人たちが帰路に着くために駅へと向かっていた。渋谷駅は電車の始発の時間を迎えていたので、センター街方面へ向かう人と駅へ向かう青い群団が交錯する状態になっていた。

そのとき突然、センター街入り口にたむろっていたユニフォーム姿の若者たちが日本代表チームの応援歌を歌い出した。それをきっかけに、駅方面へ向かっていた通行人、とくにユニフォームを着ている人々が、同じように応援歌を合唱しながらハイタッチを始めた。

この動きに呼応して、次々とあちらこちらで集団が形成されて応援歌が歌われ、ハイタッチをしては歩道を渡り、また反対側へ戻っていくようになった。レポートした高久はこの様子を「群衆から集団が形成された」と述べている。個々に応援していた人々が結束した瞬間である。

スクランブル交差点を中心にどんどん増えていくサポーターと警察官

ハロウィンの仮装であふれる交差点

平成28年（２０１６）の渋谷でのハロウィンの様子は、テレビを初めとした多くのメディアで取り上げられ注目を集めることになった。前年の平成27年、渋谷のハロウィンは一気に盛り上がった。仮装をした多くの若者が渋谷に集まり、その結果、予想をはるかに超える賑わいとなり、果ては騒動にまでいたったのである。

ハロウィンのイベントは以前から川崎市や六本木、あるいはディズニーランドで行われてきたが、渋谷で盛り上がりを見せることはなかった。しかしながら、この年に突然爆発したのである。警察は想像以上の混乱に対応すべく、急遽２００名の警官を動員した。

平成26年のハロウィンを、当日の19時20分から翌朝の5時まで、自らもハロウィンのメイクをして観察を続けた大久保衣純のレポートをかいつまんで紹介しよう。

待ち合わせでごった返すハロウィンの
渋谷駅ハチ公口
(平成 26 年 10 月 31 日 19 時 20 分)

19時20分過ぎに渋谷駅ハチ公口の改札を出てみると、すでに仮装をした人々で溢れかえっていた。スーツ姿は4割ほど、普段の金曜日の同時刻に比べて1・5倍ほどの人が待ち合わせや合流をしている。スクランブル交差点を渡ること自体がたいへんで、センター街もすし詰め状態である。西武百貨店ロフト館では仮装衣装や小道具の特設会場が設けられている。

19時49分頃、渋谷の有名なクラブハウスが仕掛けた「シブヤハロウィン（シブハロ）」の会場のうちの一つに到着。タレントのＫＡＢＡちゃんが登場するものの、観客はまばらである。写真撮影の特設会場も利用者はまばらで、イベントは閑散としている（左頁上）。

20時過ぎ、センター街でもとくに人通りの多いクラブＳＥＧＡの十字路にさしかかる。「写真を撮っても人の頭しか映らないような密集度で仮装者たちは何も目的がないようにその流れに身を任せ、歩いていた。……ただひたすらにこの異様な人ごみの中を歩いて、雰囲気を楽しんでいる」。渋谷のハロウィンの仮装は、ディズニー系のかわいいものではなく、ナースやポリス、囚人などの仮装をしてゾンビメ

シブハロの会場
(平成 26 年 10 月 31 日 19 時 49 分)

クラブ SEGA 十字路
(同 20 時すぎ)

イクや傷メイクを施した者が多い。

21時15分頃、再びセンター街へと向かう。夕食だろうか、女性三人組の仮装者が携帯電話を片手にラーメン屋で休憩している。牛丼チェーンの松屋では「美少女戦士セーラームーンに扮した五人組が牛丼を頬張る」という異様な光景が見られた。渋谷のハロウィンは22時頃に絶頂期を迎えた。大久保の描写をそのまま以下に引用してみよう。

スクランブル交差点。先ほど以上の混雑。交差点の何処かで誰かがパフォーマンスを行うと、周りにいる人が手拍子や掛け声で盛り上げるといった状況で、増員された警察が整理に当たるが、信号が変わっても交差点の中腹までしか進めず、警笛がなり、進行を促すが、車が通行を始めたのは信号変更後、10数秒後であった。交差点を渡りきっても、奥に進めず、歩行者は車道にせり出てしまう。渡り終えた仮装者はそのまま駅に向かうわけではなく、振り返ってもう一度スクランブル交差点を横断しようとする構えを見せる者もいた。信号が変わると、ま

美少女戦士セーラームーンに扮した五人組

混雑絶頂期のスクランブル交差点
(平成 26 年 10 月 31 日 22 時 35 分)

夜が更けるにつれて路上のゴミが増える
(平成 26 年 11 月 1 日 2 時 35 分)

ディズニーストア前の
プリンセス

た「今日めちゃめちゃ楽しい!!」などと歓声を上げながら渡り始める。

（大久保衣純「日本のハロウィン受容」平成26年度修士論文）

大久保はこの後も宮益坂や公園通りなど広域を歩き、終電の時間に合わせて足早に駅へと向かう仮装者の群れをレポートした。終電のなくなった後、川崎や六本木から流れてきた完成度の高い仮装者たちを見、そして始発後にしだいに消えていく仮装者を追いかけたのであった。長時間にわたって、おそらく本人も楽しんだに違いない渋谷ハロウィンの特徴を、大久保は実感を持って3点あげている。

第一に、仮装者は渋谷に仮装をしていくことで非日常性を享受していること

第二に、ハロウィンは大人が仮装を楽しむものであるということ

第三に、街全体が祝祭空間として変貌していること

キーワードは仮装にある。渋谷を訪れる仮装者は、観客としてイベントに参加することを望んでいるわけではない。自らが仮装して主役となり、渋谷の街を練り歩くことを目的にしているように見える。仮装は、自己表出、変身願望といった欲求

ハロウィンをレポートした
大久保衣純の傷メーク

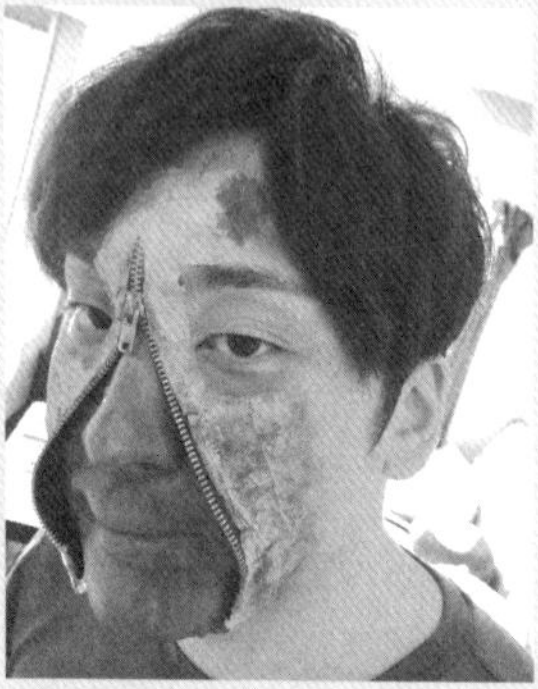

を叶えるための装置である。そうした仮装を受け入れた象徴的空間が〈シブヤ〉なのである。

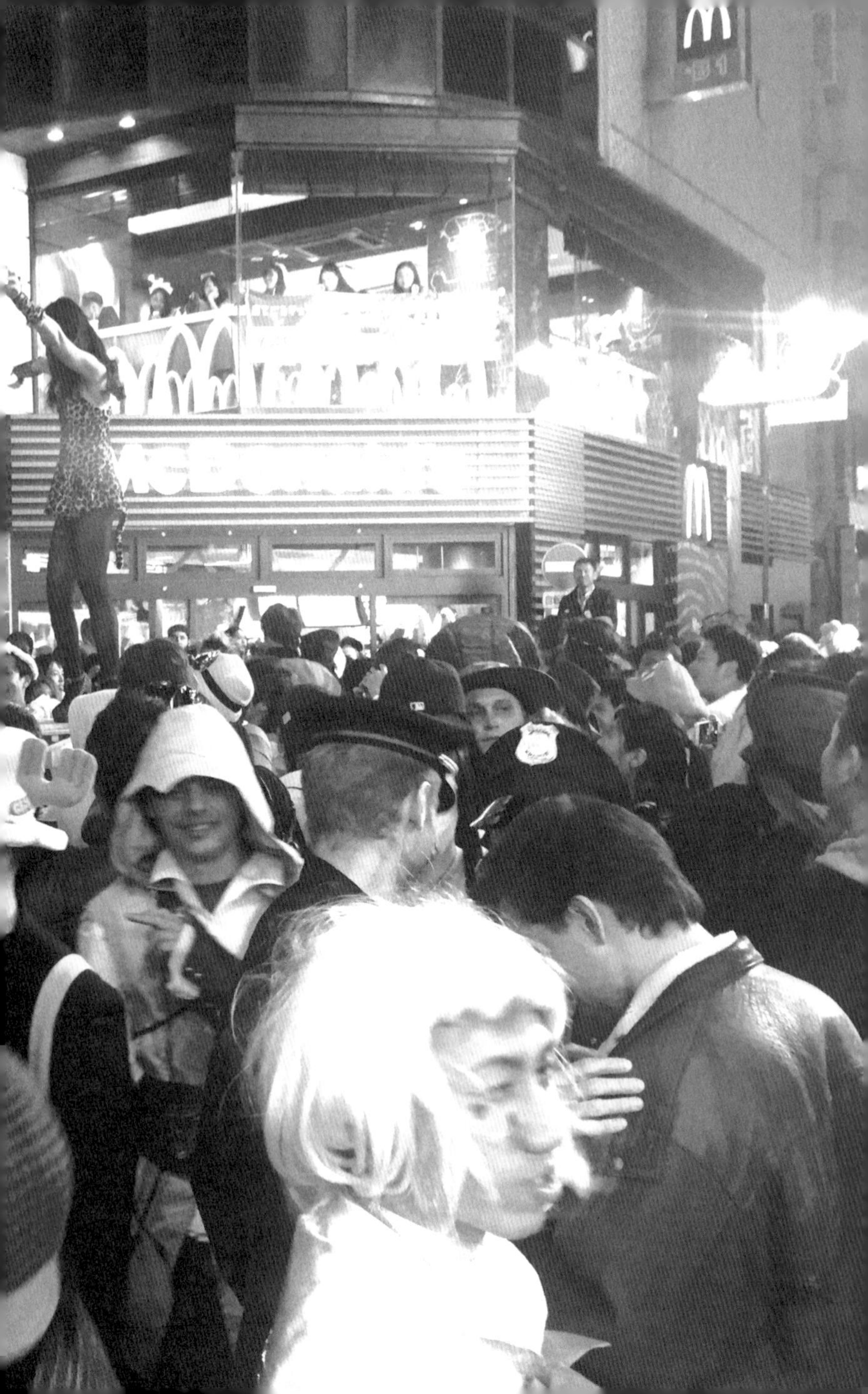

Saint Marejie
2F
トロハチ
新鮮!安い!!旨
伝蔵
九州
麦味噌
信州
味噌

3 〈シブヤ〉はどこにあるのか？

〈シブヤ〉と聞いて思い浮かべるものは？

2章では〈シブヤ〉らしいイベントがスクランブル交差点から発生したことに注目した。たしかに〈シブヤ〉は、なによりもまずスクランブル交差点を基点にしていることは事実だが、〈シブヤ〉らしさを感じる場所は人それぞれであるだろう。

年配の方には、渋谷といえば「忠犬ハチ公像」である。渋谷のファッションといえばSHIBUYA 109（マルキュー）であるだろう。交差点に立つとセンター街のアーケードがすぐに目に飛び込んでくるが、その右側には大型のスクリーンを持ったビル、Qフロントが建っている。これらの建物や像に囲まれてスクランブル交差点が谷底のように形成されている。スクランブル交差点は、〈シブヤ〉を象徴するものを含んで初めて成立している。交差点だけで成立しているわけではない。

建物やモニュメントは設けられた時期も経緯も異なっている。建物の形、階数、色、様式は不統一である。広告宣伝用に林立するさまざまな形態のディスプレイやボードにもまったく統一感はない。しかしながらこれらは〈シブヤ〉というトポスを形成するものとして不可欠である。ここではいくつか代表的なモニュメントに言及しておきたいと思う。

忠犬ハチ公像

ＪＲのハチ公口改札を出た広場に、植木に囲まれた一角がある。ハチ公像が建っているのはその中央部分である。周囲にはベンチが配置されて待ち合わせができる場所になっている。

スクランブル交差点に面して建つ Q フロント

上：忠犬ハチ公像
左：忠犬ハチ公（昭和 8 年頃）
［朝日新聞社／時事通信フォト］

ハチ公が忠犬といわれるのは、飼い主が亡くなった後も8年間に渡って毎日渋谷駅へ主人を迎えに出かけたからである。ハチの飼い主、東京帝国大学教授・上野英三郎の居宅は渋谷町大字中渋谷字大向８３４番地（現在の松濤一丁目付近。渋谷駅から東急本店を見て、その後背地。都内屈指の高級住宅地）で、ハチはそこから毎日通っていた。

大の犬好きだった上野はハチを飼い始めてから一年ほどたった大正14年（１９２５）５月21日、大学での会議の後、脳溢血で急死した。上野が死去してから10年近く経った昭和10年（１９３５）３月８日午前６時過ぎ、ハチは渋谷川に架かる稲荷橋付近の滝沢酒店北側路地の入口で死んでいるのを発見された。稲荷橋は現存しており、渋谷駅から恵比寿駅方面へ向かうすぐの橋である（120頁写真）。滝沢商店は交差点の斜め向かいのタキザワビルである。

３月８日には渋谷駅でハチの告別式が行われた。上野夫人の八重、最後の飼い主である富ヶ谷の小林夫妻、駅員など多数が参加した。宮益坂にあった妙祐寺の僧侶など16人による読経が行われ、花環《はなわ》25、生花２００、手紙や電報が１８０、香典は

２００円を超えるなど、人間さながらの葬儀が執り行われたという。

ハチ公の銅像が建てられたのは、ハチがまだ生きていた昭和９年（１９３４）のことである。上野栄三郎が亡くなった後、ハチは日本橋や浅草など飼い主を点々としたが、最終的に渋谷に近い富ケ谷にいた、かつての出入り植木職人・小林菊三郎にもらわれる。ハチが渋谷に通うようになったのはこの頃からである。ところが、駅前をうろつくハチに子どもが悪戯《いたずら》をしたり、商売人から邪魔者扱いされるなど、当初は「忠犬」というよりは厄介者扱いされていた。

転機が訪れたのは、昭和７年（１９３２）10月４日、東京朝日新聞に「いとしや老犬物語」という投書が掲載されてからである。日本犬保存会初代会長・斎藤弘吉が駅前で邪険に扱われるハチをかわいそうに思い、新聞に寄稿したのだった。こうして世間にハチの忠犬ぶりが知られるようになり、人気を得て、銅像の建立に至ったのであった。建立の式典にはハチも立ち会っている。

現在のハチ公像は昭和23年（１９４８）８月15日に再建されたものである。当時はハチ公口を出てすぐの場所に設けられていたが、広場拡張で現在はやや離れた場

ハチ公が通っていた頃の渋谷駅前
（昭和７年）［『渋谷の記憶Ⅱ』］

忠犬ハチ公の死を悼む人たち（昭和 10 年
３月）［朝日新聞社／時事通信フォト］

所に立っている。移設に伴って、ハチの顔は改札口に向けられた。

再建された翌年の4月からはハチ公慰霊祭が行われている。ハチ公慰霊祭の変遷に関しては秋野淳一「『渋谷』の小さな神々」（石井研士編著『渋谷の神々』）に詳しい。秋野がレポートした慰霊祭は、平成24年（2012）の第77回忠犬ハチ公慰霊祭で4月8日に行われた。主催は忠犬ハチ公銅像維持会である。

慰霊祭は渋谷区議会議長挨拶の後、金王八幡宮《こんのう》の神職による式典が行われ、参加者により玉串が捧げられた。この様子を見れば、ハチ公が〈シブヤ〉の守り神的存在であることは明らかである。玉串を奉奠《ほうてん》する人は以下順に、忠犬ハチ公保存会会長（東急電鉄）、渋谷区長、渋谷区議会議長、上野和人（上野博士の孫）、秋田県大館市副市長、渋谷警察署長、東京商工会議所渋谷支部長、渋谷税務副所長、忠犬ハチ公銅像保存会名誉会長、銅像製作者、その他と続く。慰霊祭は、以後も毎年実施されている。

いとしや老犬物語

今は世になき主人の帰りを

待ち兼ねる七年間

大切な育ての

弱いもの虐め

心根を憐れみ

東京朝日新聞に掲載された「いとしや老犬物語」

忠犬ハチ公像は太平洋戦争中に供出されたため、現在のハチ公像は昭和 23 年に再建された。
写真は昭和 32 年のハチ公広場［『渋谷の記憶Ⅲ』］

ハチ公物語

ハチは大正12年（1923）11月10日、秋田県の県北、青森県に近い北秋田郡二井田村（現在の大館市）で生まれた。子犬だったハチは翌年1月に米俵に入れられて大館駅を出発している。飼い主の上野英三郎は愛犬家で、すでに数匹の秋田犬を飼ったが、すぐに亡くすという経験を繰り返していた。手元には2匹の犬がいたが、さらにハチを飼うことにした。

上野が死亡してから2年余りがたった昭和2年（1927）秋、ハチは代々木富ヶ谷の小林宅に引き取られたが、この頃から渋谷駅で、上野が生前帰宅していた時間にハチが頻繁に目撃されるようになった。

ハチ公は朝日新聞の投書「いとしや老犬物語」以後、忠犬として人気者になったが、本当は上野を探しに行っていたのではなかったのではないか、と指摘されたことがある。毎日駅前に出かけていくのも、焼き鳥を食べたかったからではないかとか（駅頭の屋台でもらっていた。死後解剖したところ、胃の中から焼き鳥のものと思われる串が見つかった）、時代を背景に忠犬に仕立てられたのではないか、というのである。

こうした指摘に対する反論として林正春が詳細な資料を収集して検証を重ね、ハチ公が忠犬であったことを証明している（林正春『ハチ公文献集』平成3年）。

上野に行けばよりリアルなハチ公の姿を見ることができる。ハチ公は東京帝国大学で解剖された後、東京科学博物館（現在の国立科学博物館）で剥製にされた。現在でも日本館2階北翼「日本人と自然」のコーナーで、樺太犬（ジロ）とともに秋田犬（ハチ）として立っている。ミュージアムショップには「HACHI ふせん」や「HACHI ブロックメモ」などハチ公をあしらったグッズが置かれている。

剥製にされたハチ公（国立科学博物館）

忠犬ハチ公慰霊祭

SHIBUYA 109（マルキュー）

ハチ公のいる広場からスクランブル交差点に向かうと、シリンダー状（円筒形）の建造物がドーンと目に飛び込んでくる。SHIBUYA 109（以下、109）である。ニューヨークのタイムズスクウェアのように、斜めに分岐する二本の道に挟まれている。右側の道を進めば東急百貨店本店、左側の道は道玄坂である。愛称は「マルキュー」。内部はティーンズファッションの人気テナントがひしめく商業施設である。

東急電鉄グループのひとつ、東急モールズディベロップメント（ＴＭＤ）が運営しているため、ビルの名称の109に、10（とう）＋９（きゅう）の意味が込められている。営業時間も109に合わせて、午前10時から午後９時までとなっている。また１０９という数には、施設内に１０９店舗を出店させること、「１０８の煩悩」を一つ超えた地点から出発することなどの意味も含まれているという。フロア面積は１万０２２０平方メートル（約３０９７坪）であるが、ここには若年層をター

シリンダー状（円筒形）のフロントが特徴的な SHIBUYA 109

ゲットにした１０９を超える店舗が文字通りひしめいている。

ティーンエージャーから20代前半がターゲットなので、安価で気軽に買うことができ、しかもセンスの良い個性的なファストファッションを売り物にしている。渋谷ギャル系ファッションの聖地である。

109に突撃取材に出かけた中年男性二人（鈴木健司＝刊行当時43歳、カメラマン坂井信彦＝同、55歳）のルポの一部を紹介しよう。とりあえず最上階の８階にエレベーターで上った二人は、いよいよ６階のファッションフロアへエスカレーターで降りていく。


ヒップホップだかトランスだかの大音量が迫ってくる。同時に、香水のきつーい香りが鼻に飛び込んでくる。

「マズイ！」

もう、手遅れだ。オッサン二人は６Ｆエレベーター脇のフロアで立ちすくむ。女、おんな、オンナ……。平日の午後過ぎだというのに、おそるべき人口密度。

いつまでも突っ立ってはいられない、通路沿いに進む。さすがに、ガングロ・サクソン系は皆無。ただし、茶髪率（髪を染めている割合）はほぼ八割から九割だろう。

（鈴木健司『渋谷の考現学』）

潜入を終えた鈴木は、109を「聖地は、男のつけいる隙のない神聖な場所だった」と評している。また、「女性による女性のための聖地」とも言い表している。同じくオッサンである私も同感である。

109が開店したのは昭和54年（1979）である。東急グループが渋谷での西武グループの出店攻勢に対抗したものだった。西武グループは昭和43年（1968）に西武百貨店、昭和48年（1973）に渋谷パルコ（のちの渋谷パルコパート1、現在は立て替え中）を出店した。駅から西武百貨店、渋谷パルコを通る道は、渋谷区役所通商店街（当時）によって「渋谷公園通り」と名付けられ、若者ファッションの先端となった。この頃から新宿に代わって渋谷が若者の街として流行の最先端を担う街になった。東急グループはこうした西武グループの動きに対抗して巻き返しを図ったのであり、その象徴が109であった。

109は当初から20代前半とティーンエージャーをターゲットにしたファストファッションを展開していたわけではない。開業時は対象年齢をミセスまで揃え、メンズやスポーツ店も含まれていた。

109が現在のようになったのはバブル崩壊後である。大幅な売上低下を経験する中で、依然として活況を呈していたカジュアルブランド「ミージェーン」を手本にティーンズのファッションへと特化することで生き残りをかけたのであった。ターゲットは17歳から22歳のきわめて狭い範囲に強固に限定された。

NHK放送センター・NHKホール

渋谷駅から公園通りをまっすぐ進むと、ビルの頭に湯飲みをかぶせたような形の建物が見えてくる。NHK放送センターである。NHKは日本で唯一の全国放送網であるが、番組の大半がここで制作・発信されている。そのために屋上に通信のための機器が設置されていて、湯飲みのように見えるのである。昭和39年（1964）の東京オリンピック開催が決定したのを受けて、日比谷にあった東京放送会館が現在の地に移された。それ以前ここにあったのは日本占領アメリカ軍居住区域・ワシントンハイツである。

代々木の国立競技場に近く、渋谷にも競技施設が設けられることからこの地が選ばれた。オリンピック開催と同年に第一期の工事が終了した。

敷地の一角にNHKホールが設けられたのは昭和47年（1972）のことである。さまざまな催し物が開催できる多目的ホールであるが、もっともよく知られているのは年末の紅白歌合戦であろう。

昭和26年（1951）第1回の紅白歌合戦はラジオ放送のみで観客席はなかった。テレビ放送が開始されたのは昭和28年（1953）の第4回からで、第15回（昭和

39年）からはカラー放送になった。昭和48年（1973）の第24回以降、渋谷のＮＨＫホールで行われている。

ＮＨＫが渋谷に本部を置いたことが、その後の渋谷の発展や若者文化の興隆にきわめて大きな影響力を持った。

NHK 放送センター

〈シブヤ〉が生み出したギャル系ファッション

「ギャル系ファッション」は、109のファッションの別名である。1980年代に女子大生のセクシー路線が大ブームとなった。女子大生に対抗して生じたのがコギャルファッションである。1990年代のファッションは渋谷で生まれることになった。ネット上の辞書である「日本語俗語辞書」には、「コギャル」が次のように記されている。

「コギャルとは1990年代にみられたミニスカートにルーズソックス、ガングロに茶髪といった奇抜な格好の女子高生のことである。コギャルは本来、高校生ギャルを略したものだが、次第に「子ギャル」という認識（ギャルデビューする前の子）で使われるようになる。コギャルが登場した頃はその奇抜なファッションや言葉使いが流行の先端として取り上げられた。後にマスコミからモラルの低さや援助交際といった問題が取り沙汰されるようになり、コギャルという言葉とともにその存在も影を潜める。」

１９９０年代半ばに突如として現れたのが「アムラー」である。歌手の安室奈美恵のファッションを信奉し模倣する若い女性たちのことである。ミニスカート、厚底ブーツ、ロングヘア、茶髪、細い眉を特徴とし、日焼けサロンなどで焼いた浅黒い肌も好まれた。安室奈美恵が109のブーツを愛用していたことが知れ渡ると、同じブーツを買い求めるアムラーが109に殺到した。

ギャル系ファッションとしての109が確立したのは１９９０年代後半だった。ティーンエージャーに超人気の店舗が出現し、店の商品をセンスよく着こなして接客する「カリスマ店員」と呼ばれるスタッフが現れた。カリスマ店員のファッションをまねるべく109を訪れ、カリスマ店員の勧めるままに商品を購入する客が続出した。

109がファッションビルとしての地位を確立したことについて、組織行動論を専門とする本田一成は「運動体の渋谷１０９」として、運営主体である東急モールズ

左：シブヤ・カルチャーの代名詞といわれたパルコ
下：安室奈美恵とＳＡＭ（丸山正温）の結婚報告会見(1997年10月)[時事]

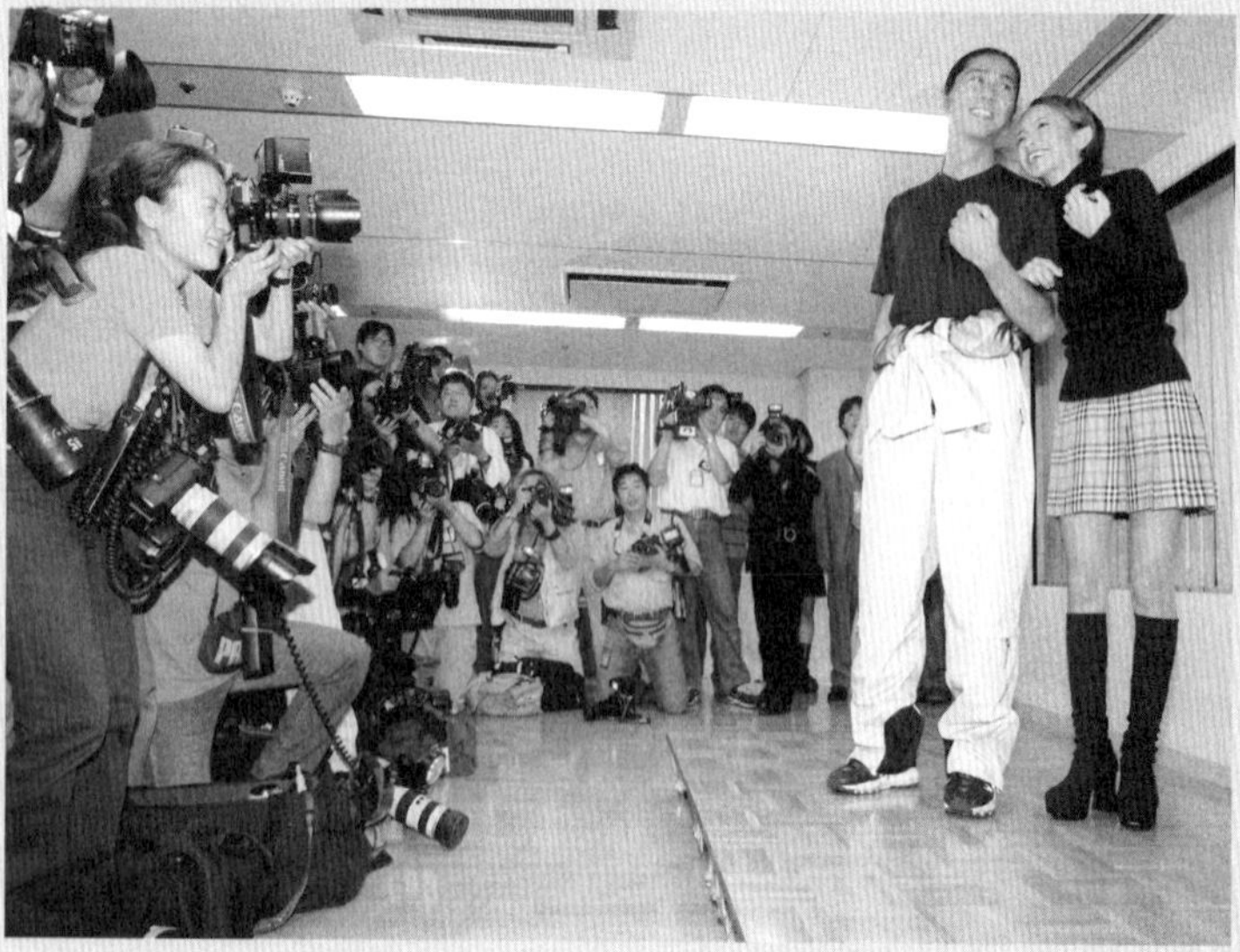

ディベロップメントによる店舗の「鍛え方」を、「闘う」「集める」「編む」「育てる」という動詞を使って説明している（「「動詞」で考えるマルキュー——渋谷１０９とは何か——」田原裕子編著『渋谷らしさの構築』）。店舗のスタッフの新人研修や店舗同士を競わせ報奨する制度など、入念に準備された上で109が若年層に商品を提案している様子がよく理解できる。

ちなみに109は現在、渋谷だけに存在するファッションビルではない。109MEN'S、109MACHIDA、SHIZUOKA109、SHIBUYA 109 ABENO、SHIBUYA 109 KAGOSHIMA、SHIBUYA 109 HONG KONGなどがある。

〈シブヤ〉のヤマンバはどこへ消えたのか

渋谷のファッションの中でも、あまりに特異で奇抜であったために、社会問題化したといってもいいようなものが現れた。「ガングロ」「ヤマンバ」である。ガングロやヤマンバがいつ頃登場したのかを、吉江真美は週刊誌での露出度から検討している（「渋谷のヤマンバ―その誕生と展開―」倉石忠彦編著『渋谷とくらす』）。吉江の分類は次のような5期になっている。ガングロやヤマンバはいきなり出現したわけではなさそうである。

第一期　ガングロ以前―男女とも若者の「日に焼けた肌」を「小麦色の肌」と表現
第二期　ガングロ期―日に焼けた肌を「ガングロ」と表現
第三期　ヤマンバ期―「ヤマンバ」の出現。「ゴングロ」という表現も出現
第四期　ヤマンバ衰退期―ヤマンバ・ガングロの雑ぱくな話題と衰退
第五期　ヤマンバの凶暴化期―ヤマンバ少女の暴行の話題

社会問題化したのは第三期である。平成11年（1999）8月に突如「ヤマンバ」という言葉がメディアに登場するようになる。「［10代ヤマンバ・ギャル」の恐るべき美意識調査！　白い髪、パンダのような目元、原始宗教を想わせる白塗りの唇

……。過激メイクで闊歩する10代ガングロギャルたち」。これは平成11年8月25日発行の『週刊SPA！』に載った記事の見出しである。次の見出しは9月6日号の『週刊大衆』である。「世相激射！　大増殖　街の顔黒（ガングロ）娘にオヤジ族不快爆発大ブーイング」。見出しの文面から見ても、いかに当時のファッションや風俗としては異様であったかがわかる。

ガングロやヤマンバは一夜にして登場したファッションではない。先に示した区分にあるように、ガングロに先立って「小麦色の肌」がもてはやされた時期があった。

「小麦色の肌」は健康美を表す表現であったが、「ガングロ」は不快感を抱かせる表現である。ガングロはそれでもなんとか日焼けの延長線上に位置づけられる存在であったかもしれないが、「ヤマンバ」は、週刊誌の見出しからもわかるように、驚きと嫌悪感を持って迎えられた。

ヤマンバの特徴はおおよそ四点である。第一に髪を白・金・銀・灰色などに染め、メッシュを入れ、故意にバサバサにし、髪が痛みまくった状態である。第二に唇は

ギャル系の人気雑誌『egg』
右：1998年4月号、左：2004年7月号

「ヤマンバ」メイクの女性たち
[Wikimedia]

白い。第三に目元はパンダのようで、ラメ化粧やパールメイクといった明るい配色で、ボリュームのあるつけまつ毛をしている。第四は厚底の靴である。

ヤマンバは周囲を威圧する存在である。このイメージは一貫して変わらなかったと指摘されている。「ヤマンバ＝山姥」の名称について吉江真美は、「どこからともなくやってくる異様な女性の威圧的な様態や話し方が、里に下りてきて子供を喰らったり、人をさらって、また山へと消えていく山姥のイメージとぴったりと重なったのであろう」と推測している。

ヤマンバの生息地は109、そしてセンター街であった。ヤマンバ・ファッションの発祥の地とされたファッションブランド「エゴイスト」のカリスマ店員は自らヤマンバ・ファッションに身を包んだ。女子高校生はヤマンバに変身することで、渋谷でギャルになり、仲間を形成したのであった。

ヤマンバは平成11年（1999）8月から平成12年（2000）初頭をピークにして、おおよそ4月には消えていった。わずかに1年足らずの流行だった。

ストリートで見る〈シブヤ〉

スクランブル交差点を中心とする〈シブヤ〉らしさは、中心地を離れることで失われてしまうかというと、そんなことはない。〈シブヤ〉には、渋谷駅を中心として拡がっていくもう一つの物語、すなわちストリートの力がある。今でこそ、通りに愛称をつけてイメージを作り上げることはどこの街でも行われているが、「公園通り」という響きは、まちがいなく当時の若者の心に届いたのであった。その後登場した「スペイン坂」は渋谷を訪れる女性やカップルの名所ともなった。〈シブヤ〉の名所はストリート抜きでは語れないし、ストリート自体が名所なのである。〈シブヤ〉はストリートからなっているといっても過言ではない。そしておおよそストリートに愛称のついている範囲内が〈シブヤ〉であるといっていいかもしれない。ランドマークとなる建物とストリートの組み合わせが〈シブヤ〉なのである。では、代表的なストリートを106頁の地図とともに確認してみよう。

まず「公園通り」は、渋谷モディのある神南一丁目の交差点を左側に緩やかに上っていく坂道で、ＮＨＫ放送センター、代々木公園に通じている。旧渋谷区役所（現在は立て替え工事中）へ通じる道で区役所通りと呼ばれていたが、渋谷区役所通商店街（当時）が昭和48年（１９７２）のパルコ開店を機に公園通りと呼び始めた。「パルコ」がイタリア語の公園を意味する単語だったことと、代々木公園に通じることから「公園通り」になったという。

公園通りの出発点である神南一丁目の交差点、つまり渋谷モディの右側を山手線の線路沿いに原宿駅方面へ向かう道を「ファイヤー通り」という。通り沿いに渋谷消防署があるためにこの名称となった。交差点からすぐの右側には黄色やオレンジ色が強烈なタワーレコード渋谷店がある。

公園通りに沿って、神南1丁目の大型商業施設「神南坂フレーム（ＦＲＡＭＥ）」から北谷公園に通じる道を「プチ公園通り」という。代々木公園より小さい北谷公園へ向かう小道なので「プチ」がついたようだ。

言わずと知れたセンター街は、スクランブル交差点からまっすぐ東急本店近くまで伸びている商店街通りである。センター街は途中から道が細くなるため、手前を

ape studio

スペイン坂

センター街

元氣
七輪焼肉
牛繁
GYU SHIGE
2・3F
渋谷センター街
洋豚の青山
Napoli's
ナポリス
海鱗丸
油そば
CLUB
GAS PANIC
ITS'DEMO
BOSS COFFEE

「メインストリート」、奥を「センター小道」と分けて呼ぶこともあるようだ。平成23年（２０１１）に、センター街の組合である渋谷センター商店街振興組合はセンター街のメインストリートを「バスケットボールストリート」（通称：バスケ通り）に改名すると宣言した。センター街については、後で詳しく述べよう。

SHIBUYA 109前から東急本店・Bunkamuraに通じる道を「文化村通り」という。平成元年（１９８９）に東急グループが開業した再開発の大型複合文化施設・Bunkamura（文化村）に因んだ名称である。以前は東急本店通りと呼ばれていた。

東急ハンズ渋谷店は昭和53年（１９７８）に、藤沢店（平成28年閉店）、二子多摩川店（同年閉店）に続いて開店した。都心部の店舗としては最初であった。「ハンズ通り」は渋谷西武百貨店A館・B館の間から東急ハンズ前に通じる通りである。渋谷西武百貨店A館・B館のところにある信号を井の頭通り入り口というが、そこから武蔵野市へ向かう通りを井の頭通りという。その最初の一部分がハンズ通りである。

「スペイン坂」はよく知られた坂道である。パルコパート1の裏から井の頭通りへと下っていく。以前、パルコパート1近くにあった喫茶「阿羅比花《あらびか》」の店主・内田裕夫がパルコから坂の命名を依頼されて命名した。内田は店内をスペイン風に統一するなどスペインの風景に心ひかれて、この名称となった。通りの建物がスペイン風に改装されて現在のようになったのは命名後のことである。

「無国籍通り」は渋谷税務署横から区役所・神南小学校を通って東急ハンズ前に通じる道である。コスミックスロープ、万国旗通りとも呼ばれる。

「サンドイッチロード」はスペイン坂の上からパルコパート1の裏手を進む道で、パルコパート1とパート3に挟まれている通りである。

井の頭通りから公園通りへLoFt（ロフト）沿いに進む道を「間坂《まさか》」という。平成元年にロフトが一般公募により命名した。坂の入り口となる角に道祖神が祀られている。

「ペンギン通り」はスペイン坂上からパルコパート3横を通って井の頭通りへ下る道である。渋谷区役所のタウンガイドによると、「ペンギンには平和でかわいらしく、『集う』習性もあるところから、この通りに集まる人をイメージしてつけら

間坂。中央下に道祖神が見える

渋谷ストリートMAP

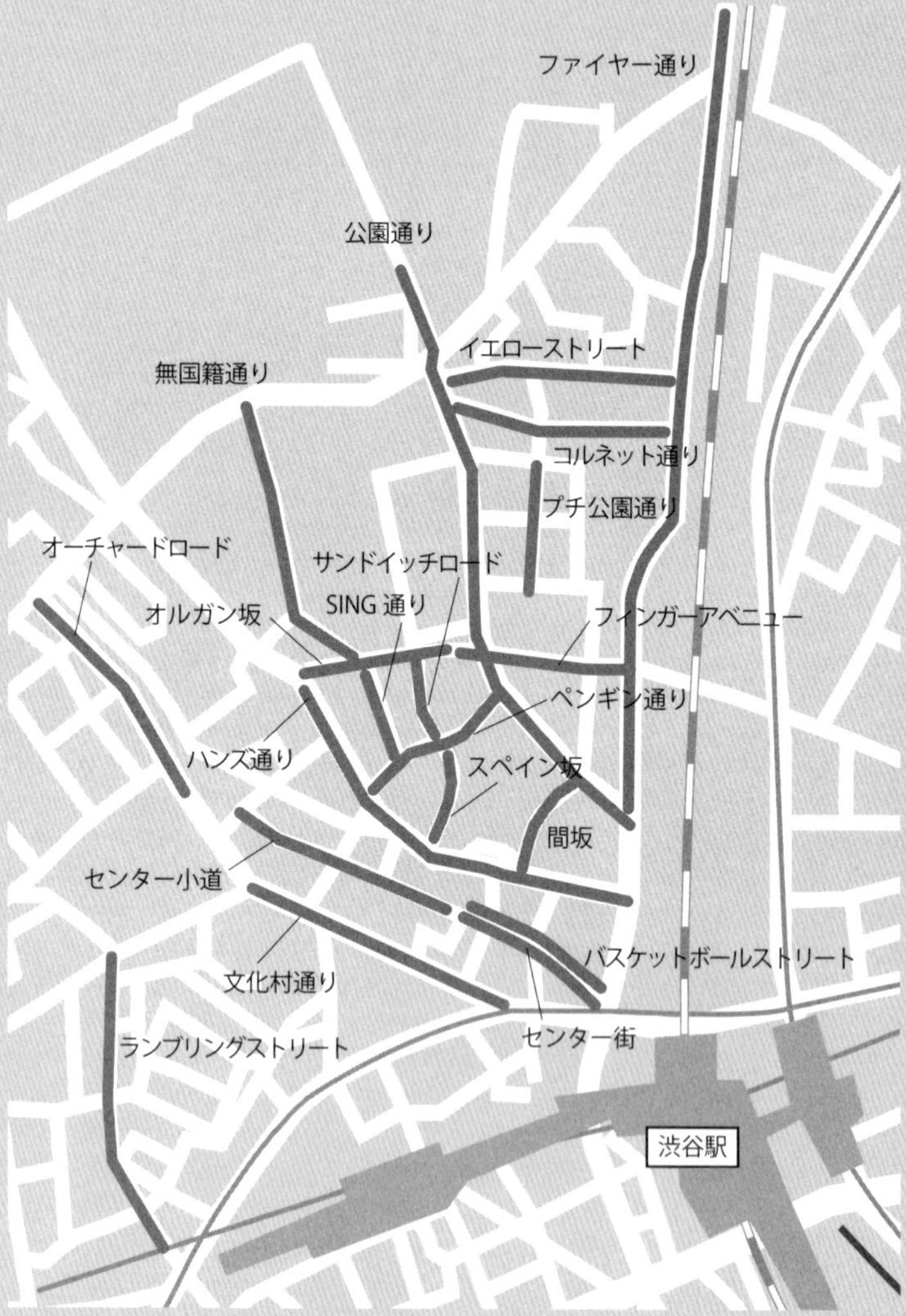
ファイヤー通り
公園通り
イエローストリート
無国籍通り
コルネット通り
プチ公園通り
オーチャードロード
サンドイッチロード
SING 通り
オルガン坂
フィンガーアベニュー
ペンギン通り
ハンズ通り
スペイン坂
間坂
センター小道
バスケットボールストリート
文化村通り
センター街
ランブリングストリート
渋谷駅

れ」た。

この他にもいくつかの通りがある。「オルガン坂」（井の頭通り東急ハンズ前の交差点からパルコ前交差点へ上がる坂道）、「ランブリングストリート」（東急本店裏から道玄坂上へと上る坂道）、「フィンガーアベニュー」（神南郵便局前からパルコ前交差点へ上がる坂道）、「ＳＩＮＧ通り」（オルガン坂からペンギン通りへ東急ハンズ沿いに進む道）、「コルネット通り」（渋谷消防署から渋谷区高齢者ケアセンター、社会保険事務所前を通り、公園通りへと上がる坂道）、「オーチャードロード」（東急百貨店本店から神山町へと進む道）、「イエローストリート」（ハローワーク渋谷付近から渋谷区役所前交差点へと上がる坂道）。

地図と写真、そして通りの説明を見ていただくと、いくつかわかることがある。第一は、道路の配置からわかるように、雑然としていて統一感がない。

第二に、道路の名称が表しているように、命名者もばらばらで思惑が一致していない。そもそも命名の理由がわからないものが少なくない。表記自体もカタカナあり、漢字あり、アルファベットありで乱雑である。しかし、特定の企業や行政が主導してきたのではない、自然発生的ゆえに乱雑で猥雑な発展こそが渋谷だということもできる。そして、そうした現象の中心、象徴的なトポスといえるのが渋谷センター街である。

渋谷センター街というカオス

センター街の前身となる商店街の発生は戦前に遡る。昭和10年代この地域に飲食店やカフェなどが並びだし、歓楽街を形成しはじめた。戦災で大きなダメージを被ることになったが、復興は瓦礫《がれき》の処理から始まった。もともとこの一帯には住宅や商店が密集しており、街路はなかった。昭和30年頃になって、復興区画整理事業が開始され道路の路面が整えられた。かつては宇田川町の名の通り「宇田川」という河川が流れていたが、暗渠になった。「宇田川有楽街」ともいわれるようになって発展した。

渋谷センター商店街振興組合によると、「昭和36年、街に若者の姿が目立つようになり、バーやキャバレーに代わって飲食店が増え出し、「渋谷センター商店会」を結成して街づくりに取り組む体制を整えました。昭和48年にはアーチの建設、街路灯の設置、街路のタイル塗装等ハード面の充実に努め、個性あるストリートの灯りがともる、明るい、安心して楽しめる街へと発展していきました」（渋谷センター街ホームページより）ということになる。

渋谷駅方面から渋谷センター街へ流れる人の数は平日で約5万人、休日は約7万人である。一日で小規模な市と同じくらいの人口が移動する。

渋谷区と広域渋谷圏

もっとも広い〈シブヤ〉は渋谷区である。渋谷区には笹塚、幡ケ谷、代々木上原も含まれている。

渋谷区の面積は東京23区で15番目の15・11平方キロメートル、人口は21万7000ほどで18番目である。これだけでは渋谷の特長はわからない。

昭和 33 年のセンター街入口付近［『渋谷の記憶Ⅲ』］

昭和 33 年の宇田川町。中央の通りは東急本店通りで、右側奥が現在のセンター街［『渋谷の記憶Ⅲ』］

〈シブヤ〉の範囲を広く捉えるものとして、広域渋谷圏という考え方がある。地域を単純に拡大したものではなく、点を面でつなごうとする考え方である。東急不動産が提唱している事業戦略であるが、渋谷の地理的な位置関係とその重要性を知るには興味深い考え方であるので紹介しよう。

私たちが長年拠点としてきた渋谷周辺は、青山、表参道、原宿、恵比寿、代官山など、個性豊かな街が複合的に結びつくエリアです。こうした個性が、つねに新しい文化の発信地として知名度を誇る「渋谷」の最大の魅力でもあります。私たちは、この渋谷駅を中心とするエリア一帯を「広域渋谷圏」と定め、都市開発の重点拠点として位置づけています。

（東急不動産ホームページより）

國學院大學はシブヤ・イーストに位置している。大学からは恵比寿や表参道もさほど遠くない。渋谷駅から原宿までは、公園通りをずっと行けばよい。個性的な町並みを「広域渋谷圏」と捉えることで、〈シブヤ〉の性格もより明確になる。

モヤイ像

渋谷の二大待ち合わせ場所は、ハチ公とモヤイ像といわれている。場所はどちらも渋谷駅南口で、井の頭線の二階の通路を挟んで反対側になる。モヤイ像はハチ公よりも場所がわかりにくいが、そのぶん待ち合わせの人が少ない。

名称をよく見てほしいのだが、「モアイ」ではなく「モヤイ」である。人の顔を刻んだ巨石なので、イースター島の「モアイ」を連想させるが、そうではない。昭和55年（1980）に、新島の東京都移管100年を記念して、新島から渋谷区へ寄贈されたものである。

「モヤイ」は船を綱で繋ぎ留める「舫《もや》う」に関連したことばで、新島には古くから「モヤイ」と呼ばれる風習があったという。島民が力を合わせる時に使われる言葉で、共同の意識から生まれた素朴な人々のやさしさを表すものであった。

新島生まれの彫刻家、大後友市と地元の友人達が新島のシンボルにしようと、島特産の「抗火石」を使って制作した。当時、新島は盛んにモヤイ像を制作して日本各地に寄贈したのであった。

今回の渋谷駅再開発でモヤイ像は移設された。移設といっても北西方向に4・

5メートル移動しただけで、モヤイ像の土台となっていたサークルが小ぶりになった。像自体の向きや高さ、傾きは以前と変わらない。

モヤイ像は、じつは裏側にも老人の顔が刻まれている。

現在のスクランブル交差点付近（昭和29年）［『渋谷の記憶Ⅱ』］

4 渋谷の地理、渋谷の歴史

地下鉄銀座線と渋谷川

渋谷駅では平成25年（２０１３）から副都心線と東急東横線の相互乗り入れが開始された。東横線が地下化したことで乗り換えが複雑化し、ますますダンジョン化したといわれる。左の図は現在の乗り換えのためのマップであるが、エレベーターに乗っても地上に出られないとか、朝夕の通勤時間の移動に相当の時間がかかるといった不満が指摘されている。

渋谷駅を利用したことのある方はお気づきかもしれないが、渋谷駅での乗り換え

渋谷駅乗り換えマップ

3F　東京メトロ銀座線

2F　京王井の頭線

1F　JR 山手線・埼京線・湘南新宿ライン

B3F　東京メトロ半蔵門線／東急田園都市線

B5F　東京メトロ副都心線

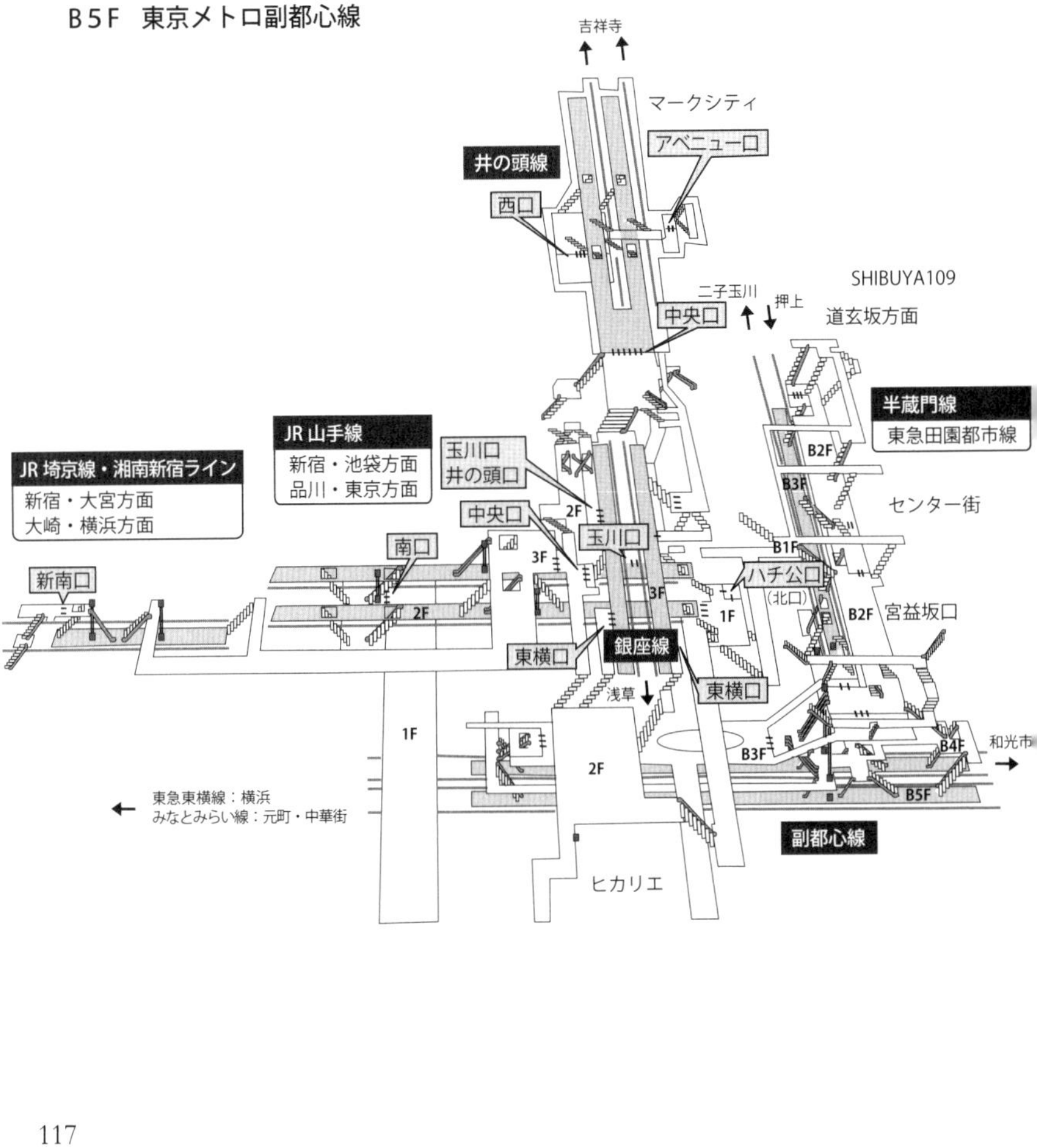

には他のターミナル駅とは違う特色がある。渋谷駅には複数の地下鉄が乗り入れているが、田園都市線・半蔵門線は地下3階部分、副都心線はさらに深い地下5階部分を走っている。他方で地下鉄銀座線は地上3階を通っているのである。つまり、相互の乗り換えに高低差が大きいのである。

渋谷駅を地上から見れば、渋谷ヒカリエのすぐそばから、黄色いラインの入った車体が現れるのを見ることができる。明治通りの上は高架になっていて、駅自体は東急東横店の東館の中に設けられていた。高架の高さは明治通りから12メートルもある。乗客を降ろした後の電車は、さらに奥へと進んでいく。いったん外に出てから再びビルの中に入るが、そこは渋谷マークシティの3階で、銀座線の車庫となっている。つまり、井の頭線よりも上に位置しているのである。図示すると一目瞭然となる。渋谷駅周辺は谷底になるのである。

台地から出た地下鉄をそのままの高さで維持しようとして設けられたのが高架だったということになる。

今ひとつ興味深いのは「渋谷川」である。渋谷は谷底であるから川が流れている。

東急百貨店から出る東京メトロ銀座線

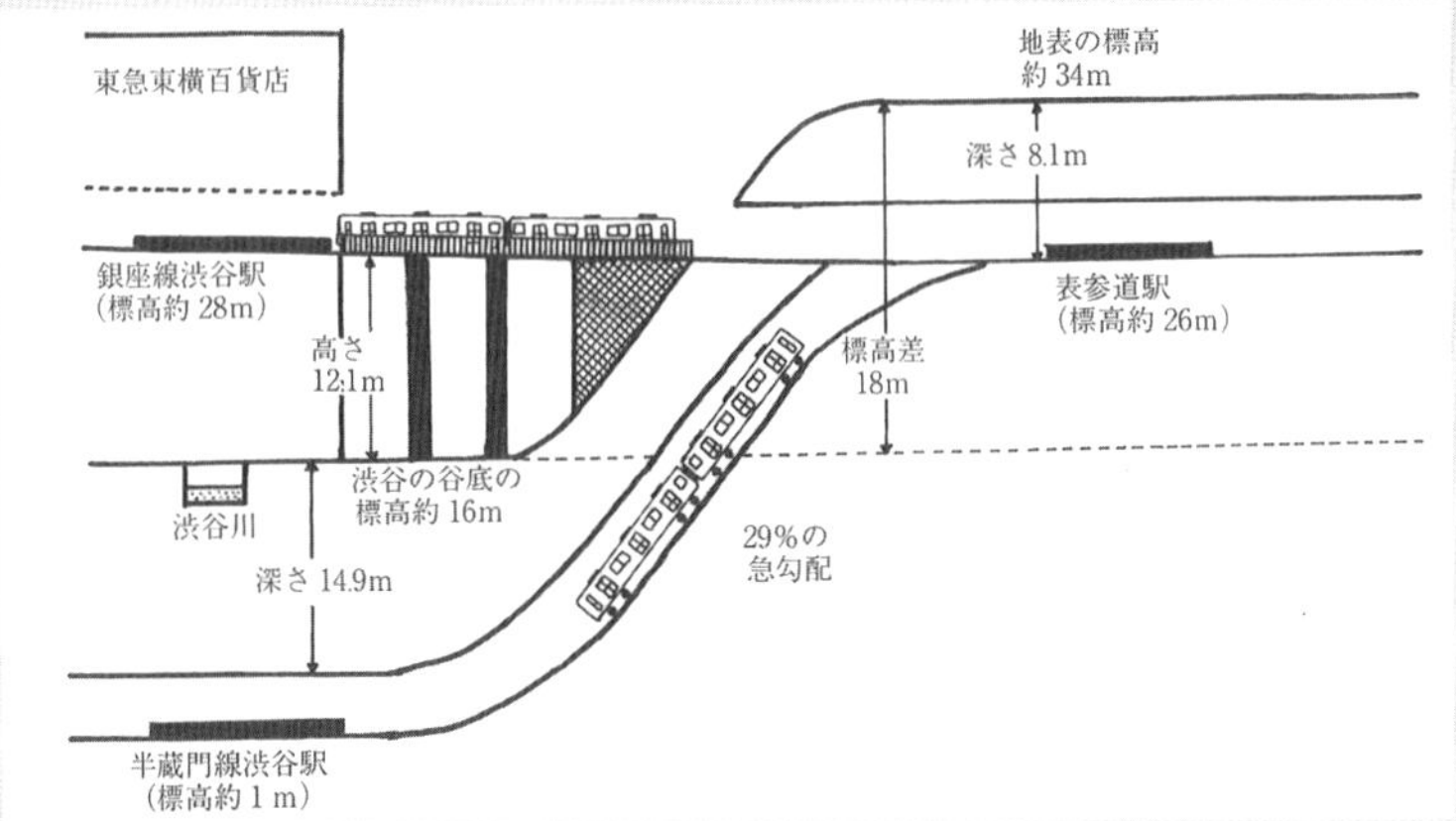

東京メトロ銀座線と半蔵門線の渋谷駅の位置［『歴史のなかの渋谷』］

稲荷橋から恵比寿方面へ流れる渋谷川

左：渋谷駅再開発に伴う渋谷川の流路変更図
下：渋谷駅周辺の地形断面図［東京急行電鉄（株）］

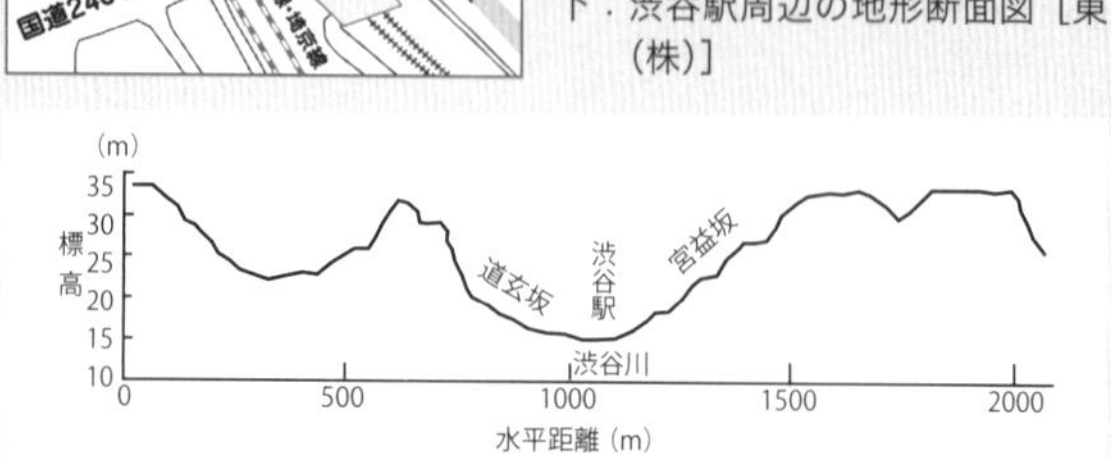

だからといって、渋谷へ来て川が流れているのを見たことのある人はほとんどいないのではないだろうか。

右中の図は開発が始まる前の渋谷の建物と渋谷川の位置関係を示したものである。図の下側が恵比寿方面で、川は暗渠となって東急百貨店の下を流れ、東急東横線渋谷駅の横を通り、稲荷橋のところで地上に現れる。地下を川が流れていたために、東急百貨店東横店東館は地下フロアを設けることができなかった。デパートでありながらデパ地下がないという不思議な構造をしていたのである。

右の写真は、渋谷川が手前に見える稲荷橋で地上にあらわれるところである。奥の恵比寿方面へ流れる現在の川は、お世辞にもきれいな雰囲気とはいえない。欅坂46が「渋谷川」（平成28年）という歌を歌っているが、歌詞は次のように始まる。

君は知ってるかい？　渋谷川って…
名前を聞いても　ピンと来ないだろう　（ピンと来ないだろう）
忘れられたように　都会の隅で

それでも確かに　せせらぎ続ける
まるで僕の　君への想い

（JASRAC 出 1702777-701）

通常の渋谷川は水位が低く、「川」を想起させるようなものではない。しかし、今回の渋谷再開発によって渋谷川は大きく変わる。現在地上に出ている部分は清流複流水によって「川」へと変貌し、広場や並木道を備えた遊歩道ができる。渋谷駅周辺は川の流れと形態が変わる。コンクリート製の四角い筒状になって、地下広場や通路との共存が可能になる。

渋谷駅が谷底に位置するために、駅から放射線状に拡がる道路はとうぜん坂になる。渋谷区内には名前の知られた坂だけで30以上あるといわれ、道玄坂や宮益坂もそうした坂である。起伏の大きい地形上の特徴は地名にも現れており、山、谷、丘、台など地形に関するものが多い。

欅坂 46
「サイレントマジョリティー」
[© Seed & Flower LLC]

昭和 32 年の渋谷川。中央奥は川の上に建つ東横百貨店（2013 年 3 月に閉店した東急百貨店東横店東館）[『渋谷の記憶Ⅲ』]

道玄坂と宮益坂

道玄坂《どうげんざか》と宮益坂《みやますざか》は渋谷を代表する坂である。〈シブヤ〉の中心を駅周辺とすれば、ハチ公のいる広場から109へ向かい、109を右に見て上っていく坂が道玄坂である。この界隈は明治時代後半から戦中まで、渋谷随一の繁華街といわれた。

下の写真は明治44年（1911）頃の道玄坂である。道の両側に店舗が連なっている。

宮益坂は道玄坂よりは影が薄いかもしれない。ハチ公前広場からJRの高架下をくぐって明治通りとの交差点にでると、正面の坂が宮益坂である。

左の写真は大正11年（1922）頃の宮益坂である。坂の上から渋谷を見ているので、

明治44年頃の道玄坂［『渋谷の記憶Ⅲ』］

下り坂になる。写真ではわからないが、かなりの急勾配であったらしい。荷車が坂を登り切れずに後退して事故になったなどの記録がある。

神奈川県伊勢原に大山《おおやま》阿夫利《あふり》神社が祀られている。大山は別名を雨降山《あふりやま》といい、江戸時代には雨乞いの神として厚く信仰された。関東から神社へ向かう道を大山道といい、代表的な街道に「青山通り大山道」がある。赤坂から出発して宮益坂を下り、渋谷を通って道玄坂を上っていく。三軒茶屋、溝の口、長津田、厚木を通って大山に至るのである。

今は分断されている二つの坂は、かつては一本の信仰の道であった。

大正 11 年頃の宮益坂［『渋谷の記憶Ⅲ』］

台地と河川

「山の手」と「下町」は今でも東京の地形やある種の雰囲気を表す言葉として使われている。山の手は東京湾岸の低地が隆起し始める武蔵野台地の西側、具体的には四谷・青山・市ヶ谷・小石川あたりをいう。下町は東京湾に近い下谷・浅草・神田・日本橋・深川あたりを指すのが一般的である。山の手台地は、複数の台地、つまり淀橋台、荏原台、田園調布台、豊島台、本郷台、目黒台、久が原台からできている。渋谷区の大部分は淀橋台の上にのっている。

淀橋台は渋谷川水系の河川によってさらに六つの台地に分かれている。東渋谷、千駄ヶ谷、代々木、幡ヶ谷、駒場、西渋谷の六つである。これらの台地を浸食して細長い河川が入り組んで流れているのである。渋谷川の水源は、明治神宮の「清正の井」や新宿御苑の上池、玉藻池で、勾配が小さい淀橋台の斜面を長時間かけて浸食してきたために、複雑な形状となった。

センター街の奥に宇田川という地名の場所があるが、もともとは川があった。東

渋谷の台地と河川
[『歴史のなかの渋谷』]

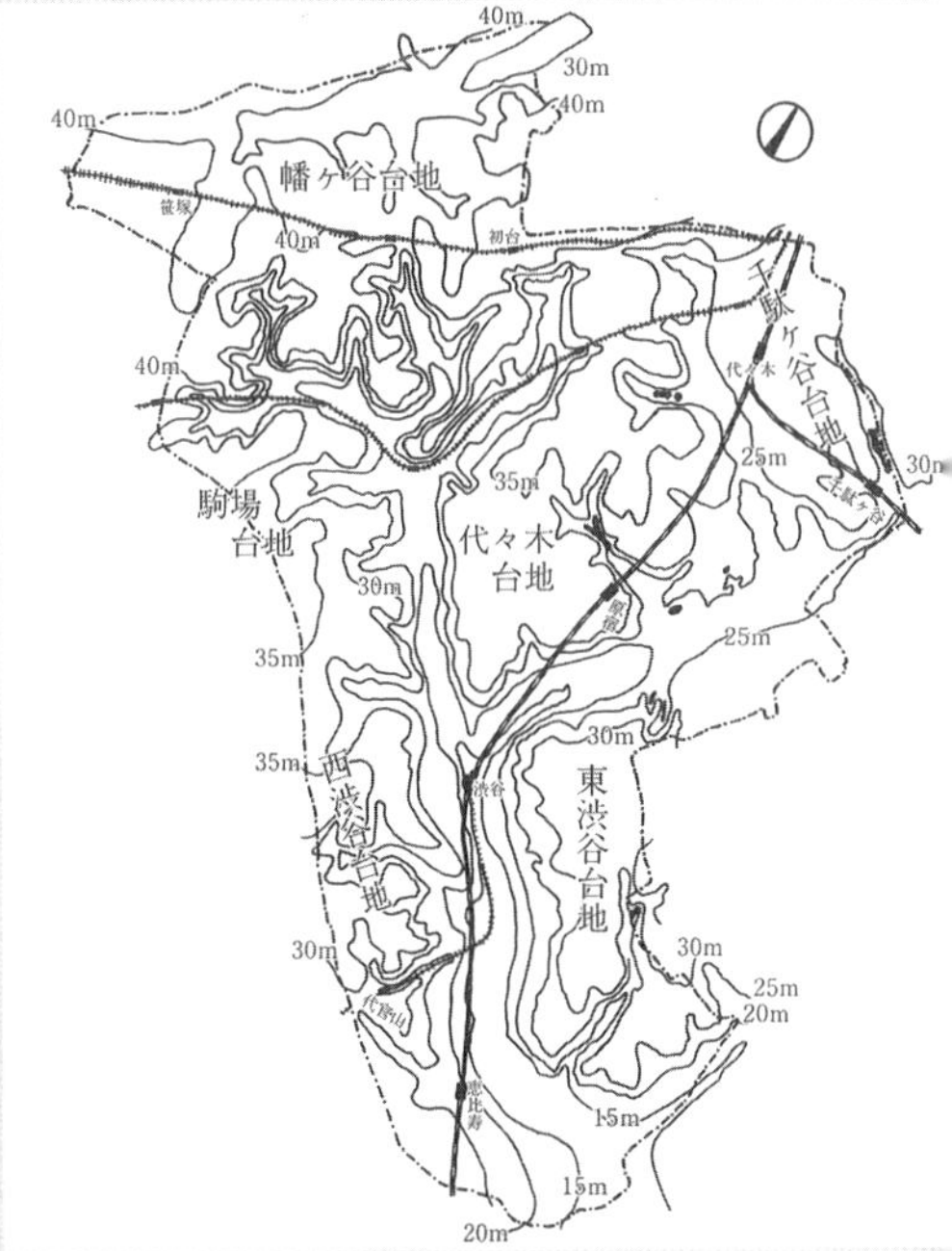

渋谷川の流れ（概略図）
[『歴史のなかの渋谷』]

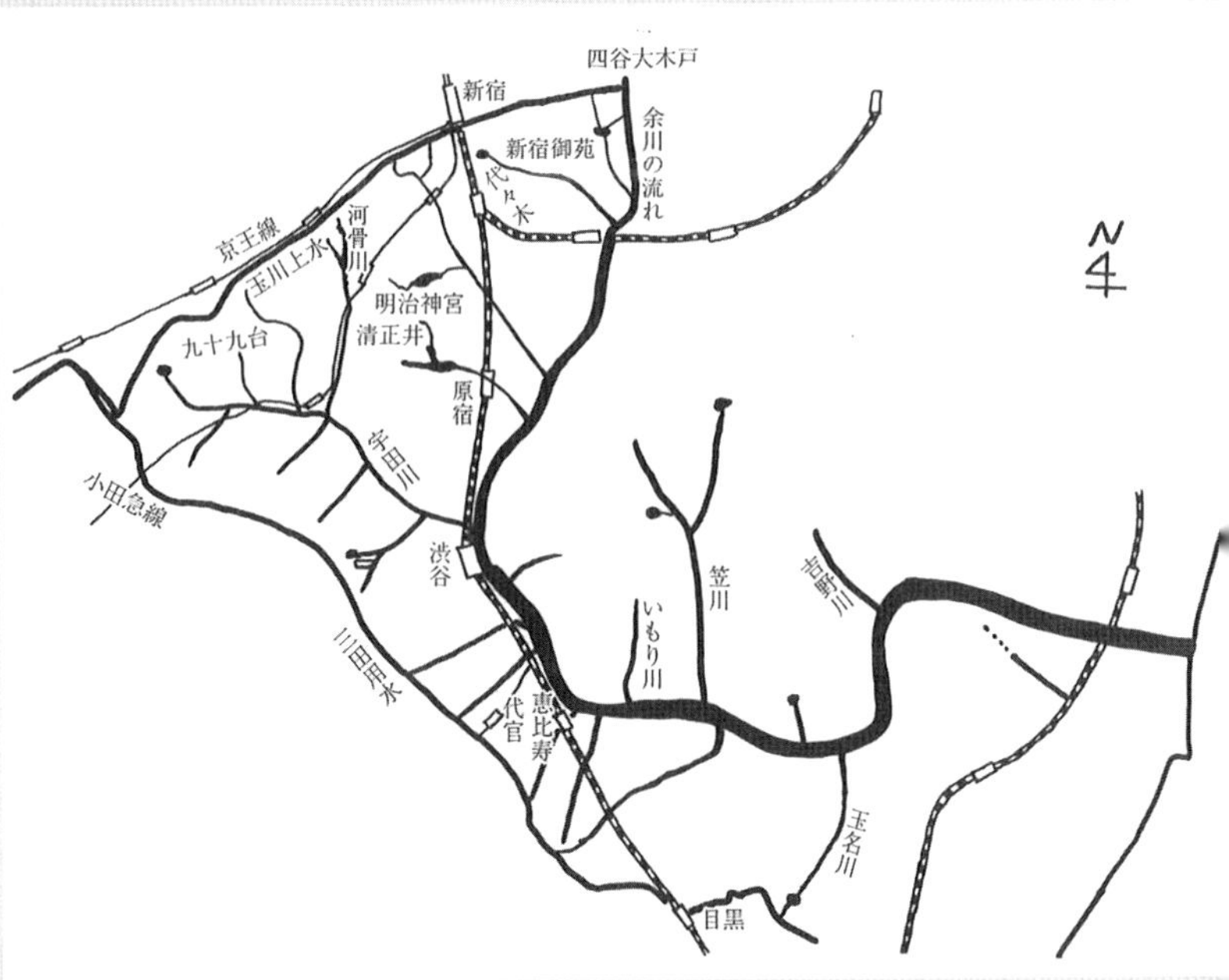

京オリンピック前に暗渠化されて現在は見ることができない。最下流の流路は西武百貨店渋谷店A館とB館の間に埋設されているが下水道として利用されている。

渋谷駅を谷底にして、東西に二つのよく知られた坂が対置している。道玄坂と宮益坂である。二つの坂は歴史的にも古くから交通の要所として知られていた（124頁コラム）。

昔の渋谷

渋谷に人が住み始めたのは、今から約3万年から1万3千年前の後期旧石器時代であるらしい。現在の鉢山町・猿楽町に遺跡が残されている。原宿駅近くからはナウマン象一頭分の化石が発見されている。縄文時代の遺跡はかなり多く見ることができる。國學院大學には博物館が設置されていて、数多くの縄文土器をはじめとした遺物が展示されている。

弥生時代の住居跡は、代官山コーポラスの建築時に発見された。古墳時代の渋谷

國學院大學博物館の考古展示

も確認されている。渋谷駅から道玄坂を上った右側、円山町には古墳時代の集落跡が残されている。

時代を追って渋谷を記していると、省略された平板な記述となるか、むやみに詳細な歴史となって読者の興味をそぐだろう。古代から中世は、「渋谷」の地名の由来を追うことで代えることにしたい。

この地がなぜ「渋谷」になったかについては、諸説がある。渋谷区のホームページには以下のような説明が列記されている。

その一　平安時代の終わり頃、この地の領主は河崎重家であったが、重家は御所に侵入した渋谷権介盛国という賊を捕まえた。堀川院はそのために河崎に渋谷の姓を与えたとする説。

その二　この地を流れる川の水が鉄分を含んでいて赤さびの「シブ色」で「シブヤ川」と呼ばれたという説。

その三　この地の付近は入り江であって「塩谷の里」と呼ばれていたのが、「渋谷」になったという説。

時代考証に関しては、平野明夫が、鎌倉時代から戦国時代初めまでの武蔵国渋谷の領主は、河崎重国系の渋谷氏ではなく、江戸氏系の渋谷氏であったことを指摘している（平野明夫「渋谷に住んだ人、領した人」上山和雄編著『歴史のなかの渋谷』）。今後のさらなる検討が待たれるところである。

近世の渋谷

天正18年（1590）、徳川家康は江戸を居城とするために、駿府から居を移した。その後、江戸は繁栄し江戸府内（御府内）を形成するにいたった。渋谷の地域は府外の武蔵国豊島郡に位置していた。渋谷は上渋谷村、中渋谷村、下渋谷村からなる農村であった。

渋谷は農村であったが、明暦の大火以後、下屋敷を中心とした多くの藩邸が設けられるようになった。吉岡孝が時代と種類ごとにまとめた藩邸は次表のようになる。

それでも渋谷村は農村で、江戸名所図会に描かれた様子はしごくのんびりとした

渋谷の藩邸一覧

年　代	上屋敷	中屋敷	下屋敷	相対替	抱屋敷	合　計
1649 年以前	0	0	1	0	0	1
1650 年代	0	0	5	0	0	5
1660 年代	0	0	4	1	0	5
1670 年代	0	0	3	0	1	4
1680 年代	0	0	0	0	0	0
1690 年代	3	0	4	0（1）	0	7
1700 年代	0	0	5	0	1	6
1710 年代	0	0	2	1	1	4
1720 年代	0	0	1	1	0	2
1730 年代	0	0	0	2	0	2
1740 年代	0	0	1	2	1	4
1750 年代	0	0	1	0（1）	0	1
1760 年代	0	1	2	0	0	3
1770 年代	0	0	0	1（1）	1	2
1780 年代	0	0	0	1（1）	0	1
1790 年代	0	0	1	0（1）	1	2
1800 年代	0	0	0	2（4）	0	2
1810 年代	0	0	0	2（2）	0	2
1820 年代	0	0	0	3（2）	1	4
1830 年代	0	0	1	1（6）	1	3
1840 年代	0	0	0	4（8）	0	4
1850 年代	0	0	0	1（2）	0	1
1860 - 62 年	0	0	1	0（1）	1	2
時期不明	0	2	5	0	5	12
合　計	3	3	37	22（30）	14	79

［『歴史のなかの渋谷』より］

ものである。

次頁の図は『江戸名所図会』に記載された「富士見坂一本松の図」である。手前の、私には二本松に見える松が一本松であるらしい。根岸茂夫の説明によると、

道玄坂よりも西から東を遠望した図であり、左上の街道沿いの家並みが宮益坂で、道が下がったところに渋谷川を超える橋が小さく見え、その手前の斜面に道玄坂の家並みが見える。渋谷川は明確には描かれていないが、谷間の下に広がる低地が現在の明治通りの辺りで、渋谷から広尾に続く丘陵が遠く山のように描かれている。

（根岸茂夫「谷間の村と町の風景」上山和雄編著『歴史のなかの渋谷』）

図絵にも出てくる道玄坂と宮益坂であるが、これらは江戸時代の重要な街道であった。赤坂御門から出て、青山、宮益町、道玄坂、三軒茶屋、二子の渡しを通り、厚木から大山の石尊権現（現在の阿夫利神社、神奈川県伊勢原市）へと至る16キロの街道は大山道と呼ばれていた（124頁コラム）。

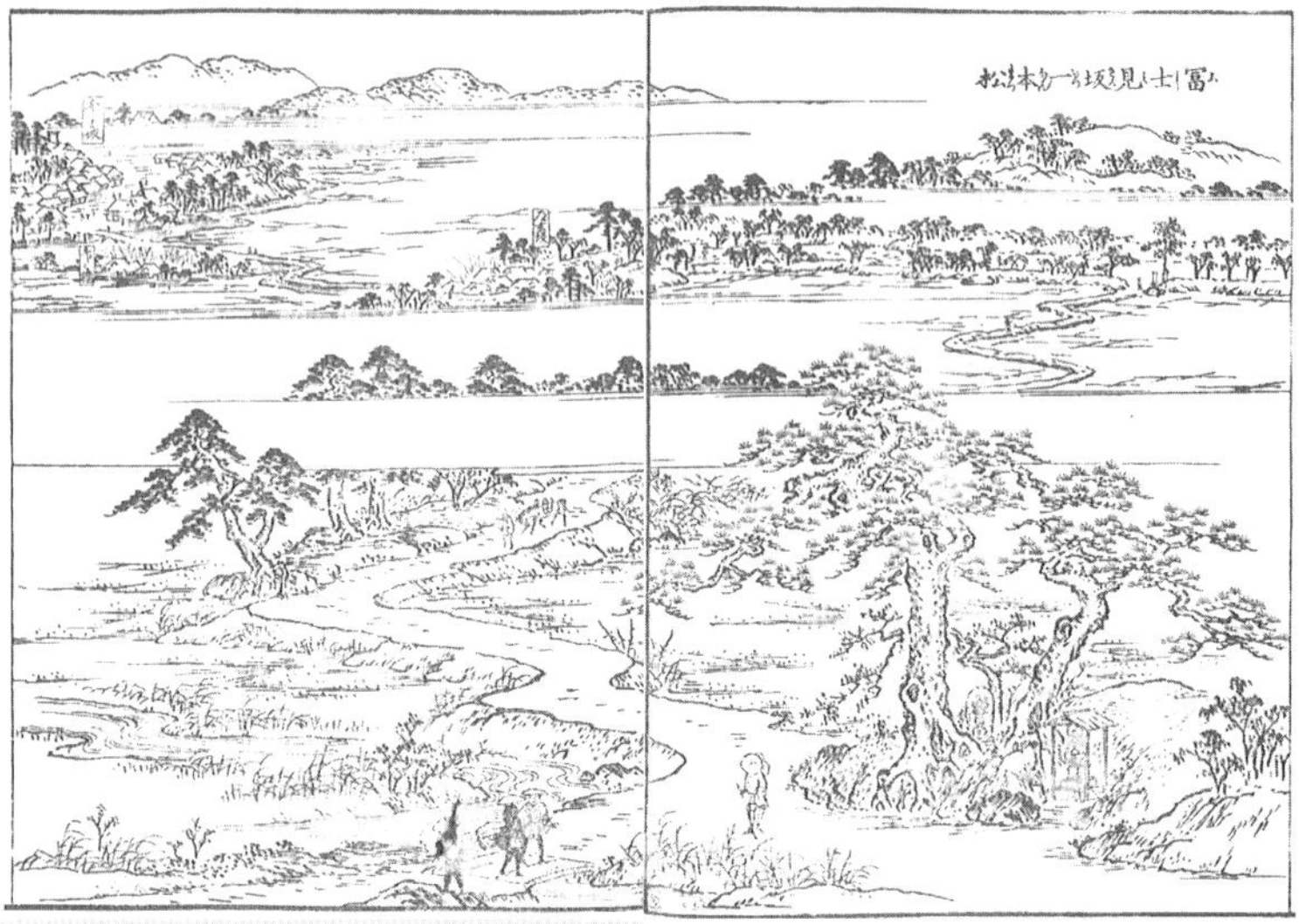

『江戸名所図会』富士見坂一本松の図

明治 42 年頃の渋谷［『渋谷の記憶』］

渋谷駅の開業

慶応4年（1868）、新政府は江戸に東京府を設けた。渋谷の大半は武蔵知県事の支配となった。明治5年の人口は、渋谷宮益町（147世帯、611人）、中渋谷町（201世帯、931人）、上渋谷町（88世帯、424人）であった。

明治18年（1885）、その後の渋谷の発展に決定的な影響力を持つことになる渋谷駅が開業した。日本鉄道会社が品川駅から赤羽駅までの路線を開通し、中間駅として渋谷、新宿、板橋の駅が設けられたのであった。場所は現在の渋谷駅から南に300メートル離れたところで、下渋谷の農民の反対によるものであった。

明治40年（1907）には渋谷・玉川間を玉川電車（玉電）が開通した。電車といっても道路の一部を走る、いわゆる路面電車で、車両も一両だった。この路線は昭和13年（1938）までは玉川電気鉄道が運営したが、その後東京横浜電鉄に合併、さらに東京横浜電鉄の後身である東京急行電鉄が運営した。明治44年（1911）には市電が青山方面から渋谷駅まで延伸した。市街地の拡大とターミナル化で、渋

上：開業当時の渋谷停車場（中林啓治画）［『図説渋谷区史』］
下：明治 40 年頃の玉電渋谷駅［『渋谷の記憶』］

谷は商業地としての繁栄の基礎を築いていった。

渋谷区の成立

山の手に位置する渋谷が大正12年（1923）9月の関東大震災によって受けた被害は、下町に比べれば軽微なものだった。

國學院大學が開学の地である飯田町（現在の千代田区飯田橋）から渋谷氷川裏の御料地（現在の東四丁目）へと移転したのは同年5月であった。以後、國學院大學は、渋谷の発展とともに歩みながら渋谷の変貌を見続けている。

東京市は拡大を続け、昭和7年（1932）に大東京市となった。その際に渋谷・千駄ヶ谷・代々木の三町を編成して「渋谷区」が生まれた。ただ、「渋谷区」の名称は簡単には決まらなかった。「神宮区」や「代々木区」が提唱され、代々幡町では町議ら300人が集合して「渋谷区」の名称に反対し、名称変更が不可能な場合は渋谷区と切り離して代々木区を設けるべしとした。名称が決まるまでの経緯は、

上：大正末期の渋谷駅。右は市電［『渋谷の記憶』］
下：昭和 44 年頃、道玄坂を走る廃止直前の玉電［『渋谷の記憶Ⅲ』］

今からすれば面白い。この間の経緯は手塚雄太「渋谷区の誕生」（上山和雄編著『歴史のなかの渋谷』）に興味深く描かれている。

百貨店の開業と百軒店

ターミナル駅としての渋谷駅は拡大の一途をたどっていった。昭和７年（１９３２）には乗降客数が30万人にまで増えた。昭和９年、東急電鉄は渋谷駅に７階建ての百貨店・東横百貨店東館を建築した。駅に直結したターミナルビルは、当時としては斬新だった。

いまひとつ、商業施設としてこの頃誕生したものがある。道玄坂の百軒店《ひゃっけんだな》商店街である。箱根土地会社（西武グループの中心であったコクドの前身）が道玄坂の途中にあった中川伯爵（旧・豊前岡藩主家）邸を購入し、街区を区切り、関東大震災で被災した有名店・老舗を下町から招いたのが始まりである。一時期その賑わいは浅草の仲見世に比べられたほどであったという。しかしその後、下町の復興とともに有名店は地元に戻っていき、寂れてしまう。
しかし、跡地に次々と小料理店やカフェ、映画館が設けられていき、賑わいを取り戻したのだった。

空襲と闇市

東京は昭和19年（1944）11月14日以降、百回以上にわたって空襲を受けた。渋谷区が直接空襲を受けたのは昭和19年11月27日であった。7機のB29が来襲し、焼夷弾《しょういだん》18個、250爆弾18個を投下した。被害を受けたのは穏田と原宿地区だった。さらに昭和20年5月24・25日の空襲は激しかった。渋谷の街は焦土と化した。『新修渋谷区史　下巻』（渋谷区、昭和41年）には、詳細な記述が記されている。説明の最後は次のような文章で結ばれている。

「かくして渋谷区内は猿楽周辺と松濤町・西原町・大山町・上原町・初台町の一部を除く以外、ことごとく瓦礫の街と化してしまった。」

上：ハチ公口の闇市。上方のＹ字路は現在 SHIBUYA109 が建つ道玄坂下交差点
（昭和 20 年）［『渋谷の記憶』］
下：空襲で被災した渋谷駅を背景に、戦後の食糧難のため家庭菜園を作る親子
（昭和 20 年）［『渋谷の記憶Ⅱ』］

焼け出された人々は、焼けたトタンや廃材を集め、灰の中から拾い集めた釘を伸ばして雨露をしのぐための掘っ立て小屋を建てた。食料をはじめ配給の遅配・欠配が続出し、人々はヤミ市を利用するしかなかった。渋谷は、新宿、池袋、上野と並ぶヤミ市の規模を誇った。

終戦を渋谷で迎えた藤田佳世の体験談である。渋谷はこうした状況から立ち上がっていくのである。

渋谷駅前には一大闇市が立って、夜さえ明ければ何百人という人がそこにうごめいた。干芋、落花生、芋あめ、石鹸、古着を仕立直した簡単服など、日用品と名のつくものは地面に敷いた荒筵の上に並べられて、粗野な男達の野太い声が終日騒がしかった。中でも銀飯と呼ばれた白米のお握りは禁制品であるにもかかわらずかなりの人気を呼んでいた。終戦を境に物価の単位がひと桁上って、今まで十銭で買えた物が十円になった。インフレという言葉を新しく耳にしたのもその頃である。

（上山和雄編『「しぶちか」を語る』）

上：141 頁下の写真と同じ方角から見た昭和 34 年の渋谷駅［『渋谷の記憶Ⅳ』］
下：昭和 30 年の渋谷百軒店［『渋谷の記憶Ⅳ』］

スクランブル交差点の地下を通る「しぶちか」

東京都は昭和21年（1946）に「帝都復興計画概要」を発表した。計画では、渋谷は商業地域、消費歓楽街地域、住宅地域として位置づけられた。さらに昭和25年（1950）、渋谷区は独自に渋谷駅前の整備を計画し、地下街を建設することとした。この地下街が「しぶちか」と呼ばれる現在まで残る地下街である。渋谷駅前の東横デパートの地下から駅前広場を横断する150メートルの地下街に、ヤミ市とともに急速に増加し定着した露天商を吸収したのである。地下街は昭和32年（1957）に完成した。当時としてはモダンな地下道だった。

以後、渋谷は駅周辺を中心にして急速な都市化を遂げていく。

恋文横町

なんとなくノスタルジックな響きがする恋文《こいぶみ》横町は、109の裏側にあった通りである。狭い路地に40軒ほど、食料品や古着を扱う店がひしめいていた。

　左頁の写真の中程に中華料理屋であろうか、「大黄何」が見えるが、その手前に横書きで「英佛文　手紙の店」と看板を掲げているのが代書屋である。「恋文引き受けます」というはり紙を出していたという話もある。朝鮮戦争が休戦を迎えた昭和28年（1953）頃から、占領軍の兵士は次々とアメリカ本国へ帰還していった。兵士を慕った日本女性は、英文ラブレターの代筆を代書屋に頼んだのだった。

SHIBUYA109の裏に残る記念碑

代書をしていたのは、食うや食わずの学生や文士の卵で、女性の手紙を英訳し、兵士から受け取った手紙を日本語に訳していた。

小説家の丹羽文雄はこれを題材にして「恋文」という小説を昭和28年（1953）に朝日新聞で連載した。「恋文」は多くの読者の関心を集め、年末には木下恵介脚本、田中絹代監督で映画が封切られた。その後この横町は「恋文横町」と呼ばれるようになったのである。

今は通りそのものがなくなって、109がちょうど切れたところに、「恋文横町此処にありき」という記念碑が建っている。

戦後間もない恋文横町［『渋谷の記憶Ⅳ』］

高度経済成長と東京オリンピック

昭和34年（1959）5月、第18回オリンピックの開催都市に東京が選出された。東京が最初に誘致に乗り出したのは昭和35年ローマ開催のオリンピックだったが、昭和39年（1964）の開催都市に決定したのだった。当初の誘致目的は国際社会に復帰した日本の姿や復興する東京を世界に広く認識してもらうためであったが、高度経済成長の中で、しだいに東京改造の様相を呈することになった。

当時、東京は高度経済成長期に入って人口が急速に増加しはじめていた。とくに深刻な問題として受け止められたのが都心の交通問題であった。自動車登録台数は昭和27年（1952）の12万台に対して、昭和33年（1958）には40万台を超え、昭和37年（1962）には80万台とわずか数年で倍増する増加であった。道路の渋滞解消、都市に乗り入れる電車の混雑緩和が切に求められた。こうして地下鉄道の整備、道路の拡幅、高速道路網の敷設が検討されることになったのである。

渋谷区にはオリンピックの主要会場と選手村が設けられることになった。主要会

上：建設中の首都高速３号線（昭和38年）[『渋谷の記憶Ⅱ』]
下：東京オリンピック開催時の国立代々木競技場［朝日新聞社］

場は、現在も渋谷と原宿の間にある国立代々木競技場である。選手村は現在の代々木公園に、在日米軍施設であったワシントンハイツの返還を受け建設された。渋谷区内各所に莫大な資金と労力が投入された。渋谷駅周辺では、首都高速道路3・4号線の建築、国道246号線の拡幅整備が渋谷駅周辺を一変させることになった。

首都高速道路3・4号線は、渋谷駅に隣接して設けられた高速道路である。国道246号線はその高速の下を通り、青山通り、六本木通り、多摩川通りとなる道路である。そのほかの関連通りも整備され、渋谷区の舗装率は昭和40年(1965)にはほぼ100パーセントとなった。

歴史学者の上山和雄は「シブヤ」が全国的に知られるようになった大きな要因のひとつにNHKの存在を指摘している。NHKが渋谷へ進出したのはオリンピック中継のためであった。昭和30年代に家庭で急速に普及したテレビで渋谷が映し出されたことは、ただメディアでの露出度が高かったということ以上の意味を持っていたと思われる。渋谷にとってオリンピックは大きな意味を持ったのだった。上山和雄は次のように論文を締めくくっている。

オリンピックの成功という錦の御旗の下で、東京のハードもソフトも大きく変容していったのである。メーン競技場、選手村となった渋谷は、その変貌の中心にあった。代々木公園やオリンピック競技場、ＮＨＫ、高速道路、山の手通り、青山通り、六本木通り、さらにいくつもの地下鉄が建設され、渋谷も大きく変わった。しかし渋谷がもう一段の変化を迎えるのは、高度成長の果実が人々に行き渡るころまで待たねばならない。

（「戦後復興とオリンピック」上山和雄編著『歴史のなかの渋谷』）

渋谷が単なるターミナルステーションを超えた意味を帯びるようになるのは昭和40年代のことである。昭和43年（１９６８）に西武デパート渋谷店が開店した。48年（１９７３）には西武パルコが開店した。渋谷公会堂、小劇場・ジャンジャンへと人が集まり、公園通りの名称が広まっていった。渋谷は時代を象徴するトポスへと変わっていく。

渋谷ジャンジャン

東京山手教会の地下にジャンジャンという小劇場が設けられたのは昭和44年(1969)7月である。東京山手教会は、渋谷駅から公園通りへ入り、西武デパートの前を通ってパルコへと向かう大通りに面して建つモダンな教会である。昭和48年にパルコが建設されると、渋谷が若者にもてはやされるようになった。流行の発信地となったその一角に、教会は位置しているのである。

建物左側の入り口から地下へ降りていくとジャンジャンがあった。100人くらい入れば満員になる小さな劇場だが、「文化」を求める若者でにぎわった。美輪明宏はここで定期的にライブを行っていた。津軽三味線の高橋竹山のステージが行われていたのもジャンジャンで、高橋竹山の津軽三味線は、津軽の冬など知らない都会の若者にも浸透していった。

他にもシャンソン歌手の淡谷のり子、永六輔のトークショーなど、当時の時代風潮の中でジャンジャンは息づいていた。教会と前衛劇場という異色の組み合わせが、時代の先端を走り始めた渋谷をよく象徴していたように思える。

東京山手教会が教会の地下を賃貸スペースに宛てたのは、経済的理由によるものであった。300人会堂を建設して教勢上昇の機運に乗った教会は、さらに昭和41年に1000人会堂の建築を行った。そのために建築費が不足したのであった。

ジャンジャンは平成18年(2006)4月に閉じた。東京山手教会は現在も位置を変えず存続している。教会の詳細な年史には、ジャンジャンのことは一言も触れられていない。

ジャンジャンのあった日本基督教団山手教会

5

渋谷の光と闇

センター街の「神待ち」少女

東京オリンピックをにらんだ渋谷駅周辺の再開発は、キラキラと都市の近未来像を描いてみせる。しかしながらシブヤ・イーストから長年眺め続けていると、戦後のヤミ市がそうだったように、美しいとばかりはいっていられなかった時代もあったことがよくわかる。今でも駅近辺で見かける深夜の酔客や、集団でたむろする高校生たちは近寄りがたい雰囲気を漂わせている。センター街は家出少女、神待ち少女、出会い系の援助交際の少女たちがいる場所でもある。

２０００年代前半のセンター街の若者文化のレポートを引用してみよう。話に出てくる場所は、現在はバーガーキングになっているファストフード店である。

当時のそこの２階席は、ほぼ毎日、渋谷で遊ぶ高校生たちに埋め尽くされてました。行って誰も知り合いがいないなんてことはまずなくて、５テーブルくらい飛び越えて大声で会話するなんてこともザラ。フラっと入っちゃった人は居心地悪かっただろうし、店員さんも大変だったと思います。
なんせ、ガラの悪い高校生が何十人もタバコ吸って、注意されてもゲラゲラ笑って居座ってるわけですから。もっといえば、店に荷物を置いて別の場所に遊びに行くなんてことも普通でした。最悪ですね……。あそこは、まさにセンター街が高校生の場所であったことの象徴だと思います。

（取材・文／日刊ＳＰＡ！取材班、平成28年２月26日）

『週刊文春』は平成18年に「ルポ・渋谷に集う「家出少女」危ない夏休み」を特

集している（9月7日号）。

八月の、ある週末の渋谷センター街、午前三時――。

「そろそろ、泊まるところ探そうかな」

A子はそういうと、自分の携帯電話のアドレス帳をスクロールし始めた。彼女は、まるで海辺にでもいるかのような露出度の高い服装だ。タンクトップからは、胸の谷間がこぼれているし、スカートも下着が見えかねない短さだ。……

この時刻になると、センター街には、午前0時頃までは多く見られた酔客の姿もない。が、A子と同様の年恰好の若者たちは、まだまだ多く屯している。直接、路上に腰を降ろして、仲間との話に興じている者、持参したカセットテープレコーダーの音楽に合わせて踊っている者……。彼女らは、永遠に終わらない夏の、深夜の宴を楽しんでいるかのようだ。……

A子はそんな中のひとりである。自称18歳のフリーターで、実家は埼玉県にあるという。フリーターとはいうものの、決まったアルバイトをしているわけではないというから、プータローといったほうが実相に近いのかもしれない。

私は、彼女に少し話を聞いたあと、しばらくほかの場所の取材をした。そして深夜にセンター街に戻ってきたとき、彼女は冒頭のようにいったのである。

「泊まるところ決めてないの？」

聞くと、いつもそうだという。毎晩、そろそろ眠りたいと思うと、泊めてくれる相手を探すのだそうだ。どういったところに泊めてもらうのかを聞くと、曖昧に言葉を濁す。渋谷周辺にそう多く友人が住んでいるとは思えず、電車もない時間だから、タクシーを使っての移動には金がかかる。

「ひょっとして、援助交際してホテルに泊まるとかなの？」

私は聞いてみた。

「最初は女友達に頼むよ。だめだったら、エンコーすることもある。でも、お金をもらわないときもあるよ。エッチつきで泊めてくれる友達もいるし」

あっけらかんとそういいながら、彼女は、アドレス帳の中のめぼしい相手に何通かメールを送っている。……

携帯電話の掲示板などを使ってその日の宿や食事を提供してくれる「神」を求めることを、ジャーナリストの黒羽幸宏は「神待ち少女」と呼んでいる（黒羽幸宏『神待ち少女』）。「神」は彼女らにそれらを提供する男たちである。黒羽によると、神待ち少女の三大集積所は新宿、池袋そして渋谷である。

こうした状況を行政や警察は放置しておくことができなかった。区議会や都議会で問題視する声があがった。警視庁は平成16年（２００４）３月より、繁華街等の防犯対策の一環として「街頭防犯カメラシステム」というドーム型の防犯カメラを導入した。

渋谷センター商店街振興組合は前年の11月に渋谷センター街パトロール隊（Shibuya Center-Gai Patrol）を結成した。パトロール隊の任務は、防犯と環境浄化活動である。毎月５～６回（夏場は７～10回）昼夜を問わず、店舗のはみ出し看板及び商品備品の是正警告や撤去、キャッチセールス、無許可のビラやティッシュ配り、露天商売の取り締まり、通行を妨害して座り込む少年少女の排除活動、歩きたばこ歩行者への注意勧告、違法侵入車両の取り締まりを行っている。こうした努力

渋谷センター街のバスケットボールストリート

の結果、現在は路上犯罪などは減少に至っている。

渋谷センター商店街振興組合は平成23年（２０１１）に、センター街エリアのメイン通りをスポーツ振興と青少年の健全育成を基本理念に「バスケットボールストリート」と呼称するようになった。

〈シブヤ〉と都市伝説

渋谷を舞台とした一群の都市伝説がある。「渋谷怪談」は、「渋谷」を戴冠した、まさしく都市伝説である。「新宿怪談」とか「池袋怪談」は聞かない。「原宿怪談」や「代官山怪談」も聞くことはない。

「渋谷怪談」は平成16年（２００４）に封切られた映画で、「渋谷怪談２」も同時上映された。「渋谷怪談」の主演は水川あさみで、ホラー映画の「仄暗い水の底から」や「のだめカンタービレ」にも出演している若手女優である。「渋谷怪談２」の主演は、ＮＨＫの連続テレビ小説「梅ちゃん先生」ですっかりお茶の間の人気者になった堀北真希である。ちなみに「渋谷怪談2」は堀北真希の初主演映画である。「渋谷怪談」は、これまでのジャパニーズ・ホラーに都市伝説を融合させたホラー映画といわれる。監督は堀江慶、脚本は「自殺マニュアル」の福谷修（54頁コラム）である。

「渋谷怪談」のストーリーを簡単にご紹介しておこう。

女子大生リエカは、友人二人といっしょに、出会い系サイトで知り合った男子学生たちとキャンプ場で合コンをする。東京へ戻った彼らの周辺で異変が起こるようになり、合コンに参加したメンバーが次々に謎の死を遂げる。キャンプ中に男子学生の一人がふざけて首を折った水子地蔵の祟りではないかと考え、壊した地蔵を修復するが、その後もメンバーは死ぬ。生き残ったリエカと良平は、リエカたちがキャンプに行くために荷物を預けた渋谷のとあるコインロッカーが原因であることを突き止める。そのロッカーは、かつて赤ん坊の死体が見つかった呪いのロッカーであった。リエカと良平は呪いを止めるべくロッカーへ向かうが、ふたりの前に少女へと成長した赤ん坊の霊が現れる。良平はロッカーの中に飲み込まれ、リエカも意識不明となり入院してしまう。

「渋谷怪談2」は「渋谷怪談」の続編である。

病室でリエカは息を引き取る。高校生の綾乃は、家庭教師をしていたリエカから死の直前にコインロッカーの鍵を手渡されたが、鍵をロッカーに戻してしまう。その頃、女子高生たちの間で「渋谷のあるコインロッカーにプレゼントを入れて相手に告白すると、必ず恋が成就する」という都市伝説が流布する。しかしながら、ロッカーを利用した者たちは、次々に少女であるサッちゃんの霊によって謎の死を遂げていくのだった。綾乃はすべての元凶がコインロッカーにあると確信し、医師の掛沢とともに呪いを止めるべくロッカーへ向かうが、掛沢はサッちゃんの霊に殺されてしまう。綾乃は間一髪、リエカの霊によって救われるが、入院した綾乃の枕元にサッちゃんが再び姿を現す。

映画は興行的に成功した。以後、系統を引く作品が継続的に制作されることになった。平成16年（２００４）10月から平成17年（２００５）２月まで「渋谷怪談　サッちゃんの都市伝説」として全14話のオムニバス形式のドラマがブロードバンド配信

「リング」「呪怨」に続く心霊都市伝説ホラー「渋谷怪談」
[「渋谷怪談 デラックス版」1,111 円（税抜）、NBC ユニバーサル・エンターテイメント、2017 年 3 月現在]

「今度は死ぬほど怖ろしい…」がキャッチコピーの都市伝説ホラー「渋谷怪談」シリーズ
[「渋谷怪談 THE リアル都市伝説　デラックス版」4,700 円（税抜）、GENEON ENTERTAINMENT、2017 年 3 月現在]

された。各話のタイトルは、1話「サッちゃんメール」、2話「アイスクリーム」、3話「あこがれの人」、4話「チェーンメール」、5話「三本足」、6話「心霊写真マニア」、7話「耳たぶの白い糸」、8話「友達だよね」、9話「公衆トイレ」、10話「リフォーム」、11話「安すぎる自転車」、12話「TVの砂嵐」、13話「扉」、14話「サッちゃん」である。

平成17年（2005）には「渋谷怪談　THEリアル都市伝説」が封切られ、翌年にブロードバンド配信された。各話のタイトルは、1話「リアルなお化け屋敷」、2話「怖い合コン」、3話「隙間男」、4話「試着室」、5話「お人形」、6話「首つり教室」、7話「赤いホームページ」、8話「リアル都市伝説」である。

そして平成19年（2007）からは「渋谷の女子高生が語った呪いのリスト」がオリジナル・ビデオシリーズとしてリリースされている。さらには、こうした関連映像以外にも、小説として刊行されたり、実際に怪奇屋敷が建てられるなど広がりを見せた。こうした雑多な制作者や制作会社による異なる作品をひとくくりに論じるのは必ずしも容易ではないが、作品に共通して見られるある種の雰囲気は存在する。

まず疑問に思うのは、なぜ渋谷だったのだろうかという点である。新宿でも原宿でも池袋でもなく「渋谷」であることに、現代的な意味が存在するのであろう。しかしながら意外にも、渋谷の映像が用いられている場面はわずかである。最初に制作された「渋谷怪談」では、実際にセンター街でロケが敢行されている。しかしながら、その他の作品では必ずしも「渋谷」そのものへのこだわりは見られない。ストーリーのキーとなる「コインロッカー」も渋谷に実存するものではない。

呪いや祟りがテーマとはなっているものの、そうした怪奇が発露する装置は、現代を象徴するような「女子高生」「ケータイ」「インターネット」「コインロッカー」である。ストーリーは都市伝説であり、主人公は特定の誰かではなく、どこででも起こりそうなものである。それにもかかわらず、新宿怪談ではなく「渋谷怪談」であることに現代的な意味が存在すると考えるべきであろう。

渋谷で1990年代に開花した独特の若者文化は、奇抜なあるいは華やかな表現的個人主義とは裏腹に、匿名性とともに、どす黒い、行き場のない情念を併せ持っている。華やかさと猥雑さを兼備する〈シブヤ〉は都市伝説の舞台にもピッタリなのである。

尾崎豊の歩道橋

「I LOVE YOU」「十五の夜」「卒業」など、若者の抱える悩みや気持ちをストレートに表現して若者のカリスマといわれた尾崎豊（昭和40年〜平成4年）が夕日を見ていたとされる歩道橋が渋谷にある。

尾崎が通っていた高校は青山学院高等部で、埼玉の自宅へ帰るのに渋谷駅へと坂を下っていくと、青山通りと六本木通りの合流する地点にある歩道橋を渡ることになる。歩道橋から渋谷駅方面を見るとちょうど夕日が見える。尾崎はそこから眺める夕日が気に入っていたというエピソードが残されている。

この歩道橋に隣接してクロスタワー（地上32階）が建っている。駅から5分とかからない場所である。その3階のテラスに尾崎の三回忌に設けられた歌碑がある。歌碑には「17歳の地図」の歌詞と尾崎のレリーフが刻まれている。そして周囲には多くの「らくがき」が残されているのである。

「尾崎、お前と一緒に夕日を見ながらSEVENTEEN'S MAPうたいたかった」「尾崎　やっとこれたよ。ありがとう。さおりはこれからもっと輝くから、ずっと一緒にいてね♥見ててください。もう決して逃げないから」「FOEGET ME NOT

オレは誰にもまけない　だからオレとミカをずっと見守っていてくれ」……若者の悩みはつきない。

クロスタワー３階テラスに設けられた歌碑

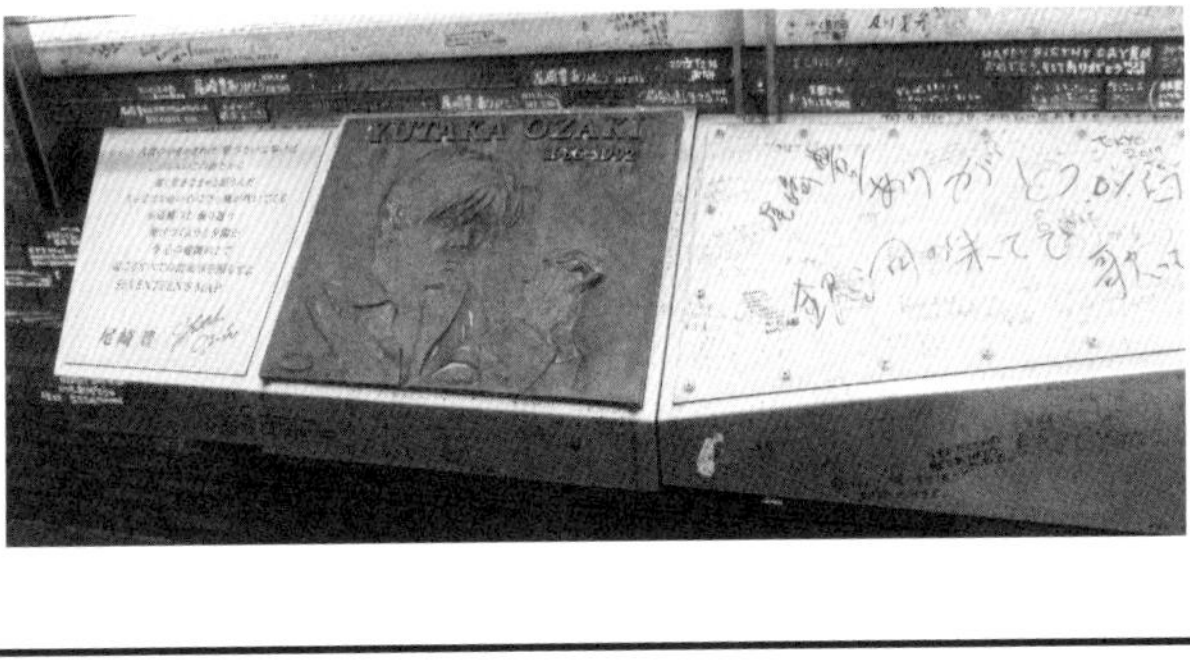

〈シブヤ〉と新宗教

①世界基督教統一心霊協会

〈シブヤ〉という、現代を象徴する場所と、新宗教、ヒーリング、スピリチュアル、占いなどとの関わりは、実に深いものがある。ターミナル・ステーションのような、匿名で大量の人が移動する場所では、そうした現象は、多かれ少なかれみられることである。しかしながら、渋谷でのその関係は、新宿でも原宿でも池袋でも生じることがなかったような事態を生ぜしめたのである。20世紀末の〈シブヤ〉というトポスには、特殊な宗教性を呼び寄せるような条件なり雰囲気が存在したように思うのである。

平成4年（1992）夏、テレビのワイドショーが、連日、時間の大半を割いて報道を繰り返していたのは、世界基督教統一心霊協会（統一教会：現在の名称は世界平和統一家庭連合）の合同結婚式についてであった。この年に韓国で行われた合同結婚式に、歌手の桜田淳子、新体操の山崎浩子ら複数の著名人が参加を表明していた。テレビをはじめとしたメディアは、しばしば教団の本部を背景にしてレポートを行ったが、その場所は東急本店の少し先、渋谷区松濤だった。

統一教会が日本で最初に礼拝を行ったのは、昭和34年（1959）10月、新宿区にあった雄鶏舎という時計店の二階であった。翌年5月頃、教会は入教していた東京都渋谷区東北沢の熱心なクリスチャンの土地を譲り受け、センターを建設した。統一教会が東京都から宗教法人として認証されたのは昭和39年（1964）で、設立場所は現在本部のある渋谷区松濤であった。

統一教会の資金源とされた霊感商法は1980年代になって社会問題化した。霊感商法とは悪質商法の一種で、霊感があると偽り、先祖の因縁や霊の祟りなどを説いて、法外な値段で商品を売ったり、不当に高額な金銭などを取る商法である。統一教会の信者たちは、占いをしてあげるなどと言って知り合いに声をかけたり、駅前でキャッチセールスをしたりして高額な壺などを売っていた。被害者弁護団によると、統一教会による被害総額は年間40億円に上る。

警視庁公安部は平成11年（1999）6月11日の印鑑販売をめぐる特定商取引法

霊感商法で統一教会信者が逮捕されたことを伝える新聞記事
[読売新聞、平成 21 年 9 月 20 日]

霊感商法の疑い 4人逮捕

不安あおり 印鑑など販売 統一教会の信者

大阪府警

「不幸になる」などと不安をあおって印鑑や水晶を売りつけたとして、大阪府警生活経済課と池田署などは28日、大阪市淀川区の印鑑・水晶販売会社「共栄」従業員の村上貢(68)と元従業員の古賀智子(49)両容疑者ら4人を特定商取引法違反(威迫・困惑)容疑で逮捕した。

府警によると、4人は世界基督教統一神霊協会(統一教会)の信者で、府警は背後関係を調べる。全国霊感商法対策弁護士連絡会(東京)は、同社を統一教会関連企業と指摘しており、府警は今年5月、関連先として統一教会吹田教会(大阪府吹田市)や同池田教会(同府池田市)などを捜索している。

発表によると、4人は昨年1～9月、32～62歳の女性3人に「姓名鑑定をしませんか」などと路上で声をかけ、吹田市と大阪市北区の同社販売店に連れて行き「家系が悪く、病気で命が危なくなる。開運するには印鑑などを買ってもらうしかない」などと迫り、水晶の置物(150万円)2個と、印鑑(3本入り、30万円)2セットを購入させた疑い。4人は「脅していない」などと否認している。

今年に入り、福岡県警と警視庁が、統一教会関連とされる業者による同様の事件を摘発。教会側はいずれも関与を否定している。

統一教会広報局は「当法人は一切の営利事業をしておりません。会社や事件とは関係がなく、売り上げが当法人にわたった事実はありません。信者が個人的な活動において違法性を問われることがないよう、指導を徹底していく所存です」としている。

オウム真理教東京総本部があったマンション

違反事件で渋谷教会に対する家宅捜索を行った。

②オウム真理教

オウム真理教の前身、オウム神仙の会が発足したのもまた、渋谷駅にほど近い桜丘にあるマンションの一室だった。会の発展に伴って、名称をオウム真理教に改称し、本部は移動したが、南青山のビル一棟をオウム真理教東京本部としていた。渋谷駅から15分ほどの距離である。國學院大學からは、渋谷方面とは反対側に数分下った場所であった。平成7年（1995）4月23日、地下鉄サリン事件が発生して一カ月がたった頃、教団幹部・村井秀夫が刺殺されたのは、東京本部ビル前の路上だった。

③高島易断総本部発真会

平成5年（1993）頃だったと思うが、渋谷駅ハチ公口に托鉢僧を見るようになった。出で立ちに違和感を覚えた。袈裟《けさ》がない。わらじではなく地下足袋を履い

渋谷駅改札前に立つ不自然な様子の托鉢僧

ている。この托鉢僧が所属していたのは高島易断総本部発真会（本部・赤坂）で、私が見たのは日本人であったが、その少し前には東南アジア系の外国人をアルバイトで雇い托鉢させていた。週刊誌に報じられて外国人托鉢僧は消えたものの、見るからに修行僧ではない托鉢僧が立ち続けていた。日本テレビの番組がドキュメンタリーで取り上げ、その偽物ぶりをあばき出したことがある。

④法《ほう》の華三法行《はなさんぼうぎょう》

平成12年（２０００）頃、ＪＲ渋谷駅から渋谷警察署へと続く歩道橋の上で、複数の若い男女が並んで「最高です！」と叫んでいた。法の華三法行の若い信者たちである。福永法源を教祖とする法の華三法行は、平成13年（２００１）に詐欺で摘発された。教団は、高級住宅街として知られている松濤の一角に、右脳会館、アースエイド松濤会館、天行力宇宙エネルギー館、超宗史法館といった聞き慣れない奇妙な名前の会館を多数所有していた。

家族の病気に悩んで個人面談に訪れた主婦三人に対して、足裏診断を行い「この

までは がんになる」などと述べ、富士市の天声村での研修に誘い、多額の研修費を納めさせた。研修後も掛け軸代、水子供養代を請求し、一人あたり225万円から1000万円を支払わせていた。

法の華三法行の詐欺も、渋谷を中心に行われたわけではない。それでも松濤という渋谷駅に隣接した高級住宅地に施設を持つことには十分な意味があったと思われるのである。

⑤ヒーリング、スピリチュアル

平成19年（2007）、私は大学の女子職員からヒーリング・サロンについて相談を受けた。ヒーリングという言葉に誘われて、渋谷駅近くのビルのヒーリング・サロンに通うようになった。マッサージやアロマテラピーなど、リラックスを目的に一カ月ほど通ったところ、いきなり先祖の因縁を持ち出され、色紙など高額な商品を買わないと幸せにならないと言われるようになったという。怪しい団体ではないか、という内容だった。

相談を受けてから一カ月もしないうちに、この団体は捜索を受けた。「神世界」である。「びびっととうきょう・青山サロン」（東京都港区）を経営する女性役員が横浜市内の会社役員に「あなたの会社がある場所は戦国時代の首切り場。処刑された人の霊がさまよって運気を下げている。特別祈願が必要」などとうそを言い、現金約４９０万円をだまし取った疑いであった。

「神世界」は、占いによる運勢や姓名の鑑定、お守り販売などを目的に、平成12年（２０００）2月に設立された有限会社で、「びびっととうきょう」などのヒーリングサロンを全国で１００店以上展開していた。

渋谷には、ヒーリングサロン、スピリチュアル・ヒーリングサロン、ヒーリングヨガ、占い、オーラ診断、タロット占い、チャネリング、霊視、瞑想、パワーストーンを扱う店等は、実に多く存在する。それぞれの項目をインターネットで検索していくと、幾層にも宗教的な世界が網の目のように重なっている錯覚すら覚える。

プラネタリウムとロープウェイ

現在ヒカリエが建っている場所には、かつて東急文化会館という建物があった。昭和31年（1956）に開業し、四つの映画館、大型書店などが入った大規模な複合施設であった。ある年代の人達にとりわけ東急文化会館がなじみ深いのは、8階に天文博物館・五島プラネタリウムがあったからである。

昭和30年代に東京で小学生時代を過ごした人の中には社会科見学で五島プラネタリウムを訪れた人が少なくなかったのではないだろうか。当時プラネタリウムは珍しく、私も数度出かけた記憶がある。真っ暗な場内で座席をリクライニングして天井を見上げると、眼前には満天の星空が拡がっていた。星座やギリシャ神話の解説とともに星空が変化していく様子は何度見ても面白かった。

プラネタリウムをのせた東急文化会館［『渋谷の記憶Ⅱ』］

渋谷には「ひばり号」という空中ケーブルカーが通っていたことがある。場所は東横百貨店の屋上から当時の玉電ビル（現在の東急百貨店東横店西館）の屋上で、子ども限定の12人乗り。ロープウェイの全長は75メートル、ゴンドラは1台だけで、東横百貨店から乗って玉電ビルに行き、そのまま引き返すだけだったという。

当時の子どもには胸躍るアトラクションだったろう。下の写真を見るとケーブルカーは子どもで満員である。ひばり号の右下道路は現在のスクランブル交差点である。

ケーブルカーは昭和26年（1951）8月から1年半ほど運行された後、玉電ビルの大増築工事によって惜しまれつつ廃止となった。

空中ケーブルカー「ひばり号」［『渋谷の記憶』］

〈シブヤ〉の「ハレ（非日常）」

渋谷区は毎年、「しぶやイベントカレンダー」をネット上で公開している。区内のさまざまな施設を利用して、実に多様な企画展や展示会を開催している。そうしたイベントの中に、大規模な祝祭と呼べるものが複数存在する。ひとつは5月に開催される「渋谷・鹿児島おはら祭」で、鹿児島のおはら節や渋谷音頭にあわせて踊りとパレードが行われる。いまひとつは8月に開催される「原宿表参道元氣祭スーパーよさこい」で、高知県のトップチームを含んだ全国の１００チームがよさこいを披露する。ここでは、渋谷駅周辺で繰り広げられる「渋谷・鹿児島おはら祭」を紹介しよう。

「渋谷・鹿児島おはら祭」は平成10年（１９９８）から開催され、平成29年に節目の20回を迎える。毎年5月中旬の土日に開催されている。メイン会場は道玄坂・文化村通りで、109前を交通止めにして実施される大規模な祭りである。平成28年は

渋谷・鹿児島おはら祭り

伊勢志摩サミットのために一月遅れで6月11日（土）・12日（日）の開催となった。祭りの間、駅前は「おはら節」一色になる。ハイライトは日曜日午後の踊りパレードで、２５００人を超える踊り手がパレードを繰り広げる。見物人は25万人を超える数である。

なぜ渋谷で「おはら節」なのだろうか。ホームページには、「「渋谷」と「鹿児島」の縁《えにし》は古く、鎌倉時代に渋谷氏が所領を得て、一族をあげて薩摩に移住したとあります。「渋谷・鹿児島おはら祭」も、その流れをくむ「ふるさとへの思い」を強くするお祭りで、当時の渋谷区長と鹿児島出身の経済人のご尽力で4月に始まった踊りパレードです」と記されている。

主催は渋谷・鹿児島おはら祭実行委員会で、構成団体は渋谷区、鹿児島市、渋谷区商店会連合会中央ブロック、ＮＰＯ法人渋谷・鹿児島文化等交流促進協議会である。

SHIBUYA DE O·HA·RA
Shibuya Kagoshima
Ohara Festival 2016
第19回
渋谷・鹿児島
おはら祭
道玄坂・文化村通り踊りパレード
6.12(日)
本まつり 12日(日) 小雨決行
おはら祭踊りパレード 11:50～15:10 道玄坂・文化村通り
第1部 踊りパレード：(審査対象) おはら節・渋谷音頭
第2部 アトラクション：若者の踊り (TOKYOオハラ・チェスト!おはら・渋谷舞祭)・太鼓演奏
第3部 踊りパレード：おはら節・ハンヤ節・渋谷音頭
観光案内 渋谷・鹿児島の観光案内
■渋谷ハチ公前広場
6月11日(土) 10:00～17:00
12日(日) 10:00～16:00
■東急百貨店 渋谷・本店 正面口
6月11日(土) 12日(日) 11:00～18:00
さつまの物産展 さつまの"特産品"販売
■東急百貨店 渋谷・本店 正面口
6月11日(土) 12日(日) 11:00～18:00
プレイベント さつまの"特産品"販売
■東急百貨店 渋谷駅・東横店 地下1階 ジス・ウイーク3
5月12日(木)～18日(水) 10:00～21:00
主催：渋谷・鹿児島おはら祭実行委員会
(構成団体：渋谷区、鹿児島市、渋谷区商店会連合会中央ブロック、NPO法人 渋谷・鹿児島文化等交流促進協議会)
(携帯電話)
(スマートフォ

金王八幡宮の例大祭

「渋谷・鹿児島おはら祭」や「原宿表参道元氣祭　スーパーよさこい」は行政主導のイベントである。一方、駅周辺を氏子区域とする氏神があり、祭礼が行われている。氏神は金王八幡宮である。金王八幡宮は、渋谷警察署の裏側といったらわかるだろうか、駅からわずかに数分の場所に位置している。秋野淳一の調査に従うと、平成23年（２０１１）の金王八幡宮の御鎮座九二〇年祭は次のようになる。

祭りは９月14日に鎮座九二〇年祭・復興祈願祭の祭典、15日に境内で鎮魂の夕べ、17日に奉納行事・大和魂祭り、18日に宮入と道玄坂神輿連合渡御からなっている。18日の道玄坂神輿連合渡御の様子は以下のようであった。18日に宮入したのは、渋谷二丁目町会、鶯谷町会、宇田川町会、丸山町会、渋谷百軒店町会、神泉丸山新栄会、栄和町会、道玄坂上町会、渋谷三丁目町会、ときわ松町会、道玄坂町会、渋谷中央街、神山睦会、富士見町会の14町会である。

秋野が注目したのは渋谷中央街である。渋谷中央街は、山手線渋谷駅の外側で、

道玄坂二丁目
大九州物産展
金王八幡宮御鎮座九二〇年
渋谷金王丸生誕八七〇年
春日局御社殿造営四〇〇年
KEIO BUS

金王八幡宮の神輿渡御

井の頭線と国道２４６に挟まれた地域である。飲食店がひじょうに多い地域でもある。

10時18分、神輿は中央街を出発して国道２４６に出る。渋谷警察署の交差点を右に曲がって明治通りを恵比寿方面へ向かう。並木橋の交差点を左に曲がって金王八幡宮への宮入となる。宮入は、どの神社の祭礼でもハイライトである。

中央街の大神輿が神輿責任者の前に達すると、神輿を高々と上げる「サシ」が行われる。担ぎ手は大いに盛り上がる。しかし、神輿を降ろすことを神輿責任者は認めず、扇子を挙げて再度の突入を促す。再度、神輿が突入すると、神門前は中央街の担ぎ手で埋め尽くされる。担ぎ手たちは笛を合図に掛け声を張り上げながら神輿を担ぐ。周りの担ぎ手たちも手拍子をしたり、拳を振り上げながら神輿を鼓舞する。宮入のクライマックスの瞬間である。

（秋野淳一「祭りから見えてくる渋谷―SHIBUYA 109 前に集う神輿　金王八幡宮の祭り」石井研士編著『渋谷の神々』）

金王八幡宮の神輿渡御

宮入が済み、お祓いを受けた後、神輿はふたたび国道２４６号線を巡行し東急プラザへ向かった。東急プラザで休憩を取った後、109へ向かった。

109の前には紫色に白地で「祭」と書かれた垂幕が飾られ、スクランブル交差点から109、道玄坂上までの道の両側には同様の「祭」と書かれた垂幕と「金王八幡　御祭礼」と書かれた提灯が下げられる。神輿が109に据えられ祭典が14時半から15分ほど行われた。例年、渋谷の氏子13町会の高張り提灯が整列するが、この年は見られなかった。年番町会と責任総代の挨拶が終わると、渋谷区長をはじめとした各町会の「先輩たち」が敬老神輿を担いだ後、道玄坂町会会長の挨拶。年番町会の神輿責任者が「金王八幡宮！」と叫んで三本締めで締められる。最後に「がんばろう日本」で109に集合した担ぎ手たちは最高潮を迎えるのである。

以上のようなレポートを見ると、109の周囲は一時、祭りの賑わいで一色になるように思えるかもしれない。ところがそうでもないのである。秋野は平成23年の祭りに関して、面白い現象を目撃している。

金王八幡宮では三年に一度、鳳輦《ほうれん》の巡行が行われる。鳳輦とは鳳凰《ほうおう》の飾りを屋根

金王八幡宮の神輿渡御

にいただいた輿《こし》である。巡行の日、鳳輦は午前中に青山地区を回り、午後になって109に向かう。二本の高張提灯を先頭に一行は、鶯谷児童遊園地、三木武夫記念館、桜丘公園、渋谷マークシティEAST MALL一階ガード下に設けられた御神酒《おみき》所に参拝する。その後渋谷中央街を出てスクランブル交差点を左折し、109前に向かう。14時12分頃、109前に鳳輦が置かれ、提灯《ちょうちん》を持った半纏《はんてん》姿の町会関係者が勢揃いで囲む。宮司《ぐうじ》による祝詞《のりと》奏上はマイクを通して朗々と響き渡る。その後は中央街の大神輿と同じである。鳳輦は109前を出て道玄坂を上り、丸山、松濤、宇田川を経て渋谷センター街へと入る。私が気になるのは、秋野の次のようなレポートである。

17時頃、渋谷センター街のバスケット通り（めぬき通り）をスクランブル交差点まで、鳳輦の行列は巡行するが、通行人は鳳輦を気に留めることなく、行列を平気で横切ったりする。普段通りの日曜日の渋谷センター街に鳳輦が突如現れたかのようである。そして、スクランブル交差点に差し掛かると、日曜日の夕方の

金王八幡宮の神輿渡御

鳳輦の行列と通行人が入り交じる道玄坂下交差点

せいもあり、交差点は買い物客などの通行人でごった返している。その中を鳳輦は巡行していく。ここでも通行人は鳳輦の存在をあまり気に留めることなく、行列を横切る人がほとんどである。

神社と町会の人々にとっては三年に一度の鳳輦の巡行である。しかし、日曜日の渋谷に集まる群衆にとって、鳳輦はとくだん興味を引くものではなかったということになる。スクランブル交差点で生じるさまざまな非日常は、同一の局面で語ることのできない複合的な現象である。都市はそうしたことを可能とするトポスである。

金王八幡宮の神輿渡御

shita
下
時差式
交差点
3F
座
楽
通行可
まで

おわりに

本書のタイトルになっている「渋谷学」は、國學院大學の教員が始めた学際的な地域研究である。

渋谷学は、現代日本の都市文化の創造と発信の源ともいうべき〈シブヤ〉に興味を抱く者、メガロポリスの副都心としての渋谷がどのように形成されてきたのかに関心を持つ者、さらには先端的な企業・流行を生み出す地域経済の解明に興味を持つ者が始めた研究である。その中でも民俗学者の倉石忠彦（國學院大学名誉教授）や、歴史学者の上山和雄（國學院大學文学部教授）は、草創期から研究をリードし育ててきた研究者である。

倉石、上山、さらには経済学部の教員らが提案した渋谷学のコンセプトは、平成14年度の國學院大學一二〇周年記念事業の一環として採用された。平成19年には商標登録もすませた。渋谷区や東急電鉄株式会社と連携しつつ、区民を対象とする渋谷学の講座、研究会、オープンカレッジなど、多様な展開を遂げて今日にいたっている。

もちろん学生には渋谷学の講義が設けられていて多くの学生が受講している。オムニバス形式の授業で、複数の教員が多様な側面から渋谷を取り上げている。

國學院大學には、國學院大學研究開発推進機構・研究開発推進センターが設置されていて、ここが渋谷学の推進機関である。すでにかなりの成果が蓄積されている。

民俗学の試みとして、倉石忠彦編著『渋谷学叢書1　渋谷をくらす―都市民俗誌のこころみ』(雄山閣、平成22年)、歴史学の研究として、上山和雄編著『渋谷学叢書2　歴史のなかの渋谷―渋谷から江戸・東京へ』(雄山閣、平成23年)、宗教から見た渋谷を石井研士編著『渋谷学叢書3　渋谷の神々』(雄山閣、平成25年)、経済を通した分析として、田原裕子編著『渋谷学叢書4　渋谷らしさの構築』(雄山閣、平成27年)、そして地域学として、上山和雄編著『渋谷学叢書5　渋谷　にぎわい空間を科学する』(雄山閣、平成29年)が刊行されている。

この他にも、本書で取り上げた『渋谷を描く』(平成24年3月)、渋谷聞きがたり2

『「しぶちか」を語る―戦後・渋谷の復興と渋谷地下商店街』（平成26年11月）など数多くのブックレットを刊行してきた。本書は、広く渋谷学を知ってもらうために、こうした成果の一部を筆者がまとめたものである。

國學院大學の設立・経営母体であった皇典講究所が創設されたのは明治15年（1882）千代田区飯田橋の地においてであった。大正12年（1923）には現在の、渋谷区内ではもっとも高度の高い氷川裏御料地（東3丁目）に移転した。以来、國學院大學は、発展する渋谷とともに時を重ねてきた。本書でも述べたように、渋谷は今、百年に一度といわれる大変貌を遂げようとしている。國學院大學もまた、一五〇周年に向けて、新たな姿へと歩みつつある。

本書には数多くの写真やイラストが掲載されている。写真・イラストを提供いただいた渋谷区、東急電鉄株式会社、そして渋谷学に従事してきた高久舞氏、秋野淳一氏、大久保衣純氏に感謝申し上げたい。本書はこうした写真やイラストに多くを負っている。
最後になったが、タイトなスケジュールの中、刊行に向けて最大限の努力を惜しまなかった弘文堂編集部の外山千尋さんには心からお礼申し上げたい。本書が読者の興味を惹起したとすれば、それは外山さんの尽力の賜物である。

平成二九年三月好日

石井　研士

現在の金王八幡宮

昭和 20 年代の金王八幡宮［『渋谷の記憶』］

著 者　**石井 研士**　いしい・けんじ

國學院大學神道文化学部教授、博士（宗教学）
1954 年東京生まれ。東京大学人文科学研究科宗教学宗教史学博士課程修了。
東京大学文学部助手、文化庁宗務課専門職員を経て現職。

主な著作

『銀座の神々―都市に溶け込む宗教―』新曜社、1994 年
『データブック　現代日本人の宗教』新曜社、1997 年；増補改訂版、2007 年
『日本人の一年と一生―変わりゆく日本人の心性―』春秋社、2005 年
『結婚式―私たちの幸せの形―』日本放送出版協会、2005 年
『テレビと宗教』中公ラクレ、2008 年
『プレステップ宗教学』弘文堂、2010 年；第 2 版、2016 年
『神さまってホントにいるの？』弘文堂、2015 年　他

渋谷学

2017（平成 29）年 4 月 15 日　初版 1 刷発行

著　者　石井　研士
発行者　鯉渕　友南
発行所　株式会社　弘 文 堂　101-0062　東京都千代田区神田駿河台 1 の 7
TEL 03(3294)4801　振 替 00120-6-53909
http://www.koubundou.co.jp

デザイン・組版　高嶋　良枝
装　丁　宇佐美純子
印　刷　三報社印刷
製　本　井上製本所

ISBN978-4-335-25069-9